Couvertures supérieure et inférieure en couleur

Illisibilité partielle

RELIURE SERREE
Absence de marges intérieures

VALABLE POUR TOUT OU PARTIE
DU DOCUMENT REPRODUIT

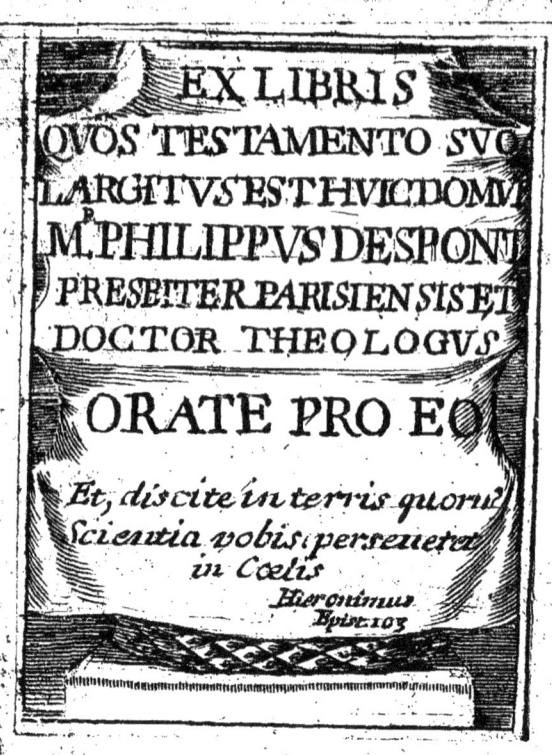

EX LIBRIS
QVOS TESTAMENTO SVO
LARGITVS EST HVIC DOMVI
M. PHILIPPVS DESPONT
PRESBITER PARISIENSIS ET
DOCTOR THEOLOGVS

ORATE PRO EO

Et, discite in terris quoru[m]
Scientia vobis perseueret
in Coelis
Hieronimus
Epist. 103

Paris NB

ELISE.
OV
L'INNOCENCE
COVLPABLE.

Euenement tragique de noſtre temps.

Par Monſeigneur l'Eueſque de BELLEY.

A PARIS,
Chez CLAVDE CHAPPELET, ruë ſainct
Iacques à la Licorne.

M. DC. XXI.

AVEC PRIVILEGE DV ROY.

A MADAME
LA PRINCESSE.

MADAME,

Puisque cette PEIN-TVRE D'VNE IN-VINCIBLE CHA-STETE' que nous donnasmes au public ces iours passez, sous le nom de PARTHENICE, & sous la protection de la plus grande Reyne que le Soleil esclaire, a eu entrée dans vostre Cabinet, & treuué quelque grace deuant vos yeux; i'ay pensé qu'vn portraict de semblable forme & de mesme pinceau

á ij

ne vous seroit point desagreable, s'il estoit relevé de la Gloire de vostre Nom. C'est ce qui m'a faict recourir, non pas à l'auenture au meilleur, mais au plus prest de mes ouurages, qui est cette Histoire d'ELISE, pour soulager par cet -entretien la solitude à laquelle vous oblige l'estat de vostre grossesse. Vous y verrez vne Vertu gemissante sous le poids des afflictions qui l'accablent, & vne INNOCENCE renduë COVLPABLE, plus par l'inaduertence des parties, que par la malice des Iuges. Peut estre estimera-t'on ces tragiques Euenemens moins sortables à vostre constitution presente, à laquelle il semble qu'on ne deuroit proposer que des allegresses & des contentemens; mais c'est ignorer la gran-

EPISTRE.

deur de vostre courage, qui comme vn Dauphin se plaist parmy les tourmentes de l'eau, & comme vne aigle se resiouit parmy les orages de l'air, pareil à la palme qui s'enracine par les secousses des vents; & se relance contre ce qui l'affaisse; semblable au saffran que la gresle faict profiter, & à l'enclume qui se polit par le battement des marteaux. Rien ne plaist tant aux Capitaines & aux Pilotes que de parler des hazards qu'ils ont courus tant sur la Mer que sur la Terre; parce que le souuenir des amertumes passees est extremement doux. Qui mieux que vous a recognu par experience la Verité de ce mot d'vn graue Ancien, qu'il est malaysé parmy tant de malignité qui infecte le Monde, de viure

EPISTRE.
sous l'abry de la seule innocence.
Quand la Posterité lira les merueilles de vostre Histoire, qui meritent la trace d'vne puissante main,
elle tiendra pour vne vanité de
Roman ce qui est vne verité
en vostre vie, laquelle nous a faict
voir vne vertu sans seconde dans
la premiere & plus glorieuse forme
de nos iours. On y verra vne Patience sans exemple, vne Douceur
incroyable, vne Fidelité inuiolable,
vne Chasteté inuincible, vne
Amour conjugale, qui laisse bien
loin derriere soy tous les plus me-
morables exemples dont l'antiquité & Chrestienne & prophane nous
face feste ; vne fuitte plus glorieuse
que cent batailles suiuies d'autant
de victoires, & ces victoires d'autant de triomphes ; vn exil volon-

taire plus honorable qu'vn Empire;
vne prison plus estimable que toute liberté; & en fin vne Constance
fondee sur vne eminente pieté, qui
ne recognoist rien de plus grand
qu'elle mesme. Tout cela, MA-
DAME, est exempt du soupçon
de flatterie, puis qu'autant de lieux
où le Soleil monstre sa teste sont autant de tesmoins de ces veritez, &
autant d'Echos de vos loüanges:
mais quels Echos, puisque nulle
voix peut dignement honorer vostre merite? Defaut dont vostre
Perfection est coulpable, estant esleuee à tel faiste qu'elle ne peut estre
representee, nul pouuant presumer
sans vne expresse temerité, pour
parfaict que fust son langage, de
la loüer qu'imparfaittement. Or
comme nos yeux ont vne arriance

â iiij

EPISTRE.

particuliere auec les elemens du feu & de l'eau, à cause de la sympathie qui naist de leur composition, ce qui fait qu'ils s'attachent volontiers à contempler la brillante viuacité de l'vn & le coulant cristal de l'autre: Ainsi i'espere, soit que vos yeux s'abbaissent à la lecture de cette piece, soit que vos oreilles s'occupent à en entendre le recit, que vostre esprit y rencontrera de la Consolation, voyant dans les Infortunes d'autruy vne foible Idee de ces desastres, dont la noirceur releue autant l'esclat de vostre Gloire, que l'obscurité de la nuict rehausse la clairté d'vn croissant dont la rondeur est accomplie. C'est à faire aux minces esprits à tressaillir à la veue d'vne saignee, les

EPISTRE.

cœurs genereux se rient des atteintes de la fortune: & comment palliroit à la lecture de quelques calamitez, celle qui en a si courageusement surmonté de plus grandes? Et puis, MADAME, ce petit Prince qui va vn de ces iours sortir de vos flancs (vous estes trop genereuse pour nous donner autre chose qu'vn masle) sentant desia la grandeur du sang adorable de Sainct Louys, vous inspirera vne nouuelle vigueur pour passer sans apprehension sur les tristes & funestes euenemens de ces pages: lesquelles n'ont pour visee que de vous apporter quelque diuertissement qui vous console, & de vous faire voir les viues affections que i'ay tousiours eues, d'honorer, selon mon pouuoir,

EPISTRE.
tant de vertus qui vous honorent, & qui me rendent,

MADAME,

Voſtre tres-humble, tres-obeiſſant,
& tres-affectionné ſeruiteur,

IEAN PIERRE E. DE BELLEY.

AVANT-DISCOVRS au Lecteur.

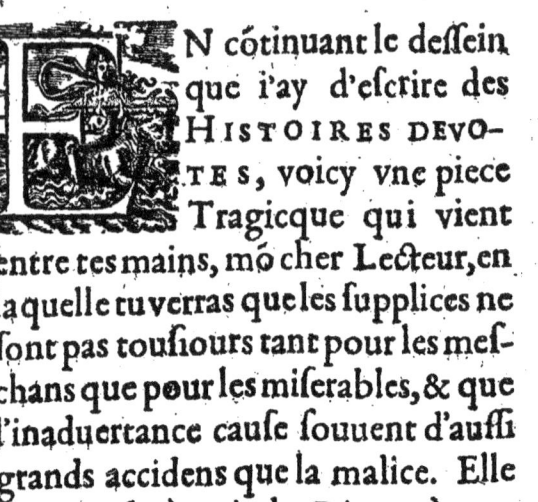N cōtinuant le deſſein que i'ay d'eſcrire des HISTOIRES DEVOTES, voicy vne piece Tragicque qui vient entre tes mains, mō cher Lecteur, en laquelle tu verras que les ſupplices ne ſont pas touſiours tant pour les meſchans que pour les miſerables, & que l'inaduertance cauſe ſouuent d'auſſi grands accidens que la malice. Elle t'apprendra à craindre Dieu & à penſer à tes voyes, en redoutant ſes iugemés, c'eſt à dire à cōduire tes actions auec Prudence & Circonſpection. L'Amour & la Mort ſont les deux principaux perſonnages de cette Sce-

AVANT-DISCOVRS
ne, & comme si selon l'Embleme ils
auoient changé leurs trousses, tu ver-
ras d'estranges effects de l'vn & de
l'autre: Car c'est aussi bien en ce deplorable siecle qui nous voit viure,
qu'en celuy de ce Prophete, que l'on
peut dire apres luy que l'homicide
& l'adultere font vne prodigieuse
inódation sur la terre, & que le sang
touche le sang: Peut estre que les euenemens funestes representez en ce liure effaceront l'impression qui s'est
formée sur mes impressiós dernieres
que ie trace des Relations Amoureu-
ses; car celle qui est depeinte en ce vo-
lume est si mortelle & si sanglante,
que c'est faire mourir l'Amour de reciter des Amours si remplies de
Morts. Et ie te prie, mó cher Lecteur,
quand i'escrirois des choses affe-
ctueuses, s'ensuiuroit-il pourtant
qu'elles ne fussent pas Deuotieuses?
qui a iamais entendu que la bonne

AV LECTEVR.

Amour fuſt incompatible auec la vraye Pieté? En verité la prophane & vicieuſe ne peut ſe ioindre auec la Deuotion, ouy bien celle qui eſt vertueuſe & reglee ſelon le deuoir & la Iuſtice. Que ſi le cótraire ſe cognoiſt par ſon oppoſé, comment feray-ie cognoiſtre la Beauté de l'vne, ſi ie ne fais voir la laideur de l'autre? Ouy, mais c'eſt auec des mots chatouilleux & ſi delicats, que cela peut cauſer dans les moindres eſprits des illuſions & des fantaiſies dangereuſes. Certes comme il n'y a que les meſchans qui donnent leſçandale, il n'y a auſſi que les foibles qui le reçoiuent: Oſtez les dents à la couleuure, elle n'a plus rien de venimeux, au contraire ſa fraiſcheur eſt vtile à quelques maladies. Que ie veux de mal à cette Amour illicite qui nous a prophané tant de belles paroles pleines de la chaleur d'vne agreable dilection, &

que l'on n'oferoit prefque plus vfur-
per fans crainte: ce ferpent s'eftant
gliffé fur ces rofes, il les a infectees de
la poifó; pourquoy ne fera-t'il permis
de r'amener ces boys du Liban pour
en baftir le Téple du Seigneur? Il ne
falloit iadis que couper les ongles &
les cheueux à la fille efclaue pour la
marier au foldat Ifraëlite; oftons à ces
paroles leur odieufe fignification, ap-
pliquons les à vn meilleur fujet, & les
voyla fanctifiees. Peuffe-ie auec vn
langage artifte, deuft-il eftre affetté,
trancher la refte à ce Geant qui braue
dans le móde auec fon propre glaiue,
& faire le mefme affront à ce Capitai-
ne Affyrien auec fon propre cou-
fteau, cóme firent ce Bergerot qui deuint Roy, & la vaillante veufue de Be-
thulie. Et les poils & les plumes fer-
uoient au Tabernacle, & pourquoy
non, puifque tout fert à Dieu, ne luy
feruiront encores les gentilleffes &

AV LECTEVR.
les mignardifes? les mots comme les cloches sonnent ce que l'on veut; & comme vn miroir est beau ou desagreable, selon l'object qui luy est proposé, l'escriture de mesme selon le sujet qu'elle represente. Il faut considerer le corps, non les ornemens, & regarder où tumbe la matiere, non comme elle est traittée. L'on doit iuger des moyens par la bonté ou la mauuaistié de la fin. Pourueu que la vertu soit suiuie & seruie, & le vice descrié & fuy, il n'importe pas en quels termes. Pour attirer au mal on presentera mille destours, on proposera mille routes esgarees; pour exciter au bien on n'aura que les grands chemins, on ne treuuera point de dressieres : icy au contraire est de requeste la bonne fraude des Iurisconsultes. S. Augustin disoit, Ayme Dieu, & fais, adjoustons, & dis, & escris ce que tu voudras, le rameau ne peut

estre que verdoiant, dict S. Gregoire, qui prouient de la racine d'vne non feinte Charité: le bon arbre ne peut produire de mauuais fruict; si le principal est bõ, il importe peu de l'accessoire. Quád la cõscience est pure, tous les plaisirs sont vrays; quand elle est coulpable, le ris est Sardonié, c'est à dire mortel. Ostez la grace à l'ame, vous ostez l'ame au corps: & cõme ostant l'ame au corps, le corps tũbe en pourriture; ainsi quand la grace est ostée à l'ame, ses operations ne valent rien. Et tout ainsi que si vous ostez l'ame au corps, c'est la mort, de mesme en matiere de discours affectueux, si vous separez le corps de l'ame, vous les rendez d'autant moins sauoureux qu'ils sont moins sensibles. Ouy, mais ces discours resueillent les sentimens, troublent la paix & la tranquillité de l'esprit, esmeuuent les passions qui sont dans les deux geolles
de

AV LECTEVR.

de l'appetit sensitif, comme les vents dans les cauernes d'Æole, & les font reuolter contre la raison. Il ne faut iamais iuger des conseils par l'euenement, ny de l'ordonnance du Medecin par l'operation de la drogue; car l'indisposition du malade est peut estre cause de l'inutilité du remede: la rebellion des passions ne vient pas de la cognoissance qu'on a de leur mutinerie, mais de la force des objects qui pressent ces puissances. Les liures qui monstrent leurs seditions, n'apprennent pas tant à les fomenter, qu'à les dompter, en faisant voir la triste fin de ceux qui ont succombé à leurs tumultes, & les glorieux triomphes de ceux qui les ont subiuguées. Il y a deux sortes de Deuotion, l'vne toute spirituelle & raisonnable, que la chair & le sang ne reuele point; l'autre qu'on appelle sensible qui applique les passions au bien : quand celle-cy vient en conseqüence de celle-là elle est bonne & loüee de tous les Spirituels, le Sauueur mesme l'ayant experimenté lors qu'il a souspiré, pleuré, gemy, fremy, & sué iusques au sang; & Dauid quand il disoit que son cœur & sa chair se resjouissoient au Dieu viuant. Et que veulent dire, à vostre auis, ces mignardes metaphores qui composent le Cantique, tirees des plantes, des fruicts, des iardins, des ruisseaux, des fontaines, des odeurs, des saueurs, des couleurs, & presque de toutes les choses sensibles, sinon que comme l'abeille compose son miel de toutes sortes de fleurs, la Deuotion se peut recueillir de ces choses materielles? L'arche de Noé ne laissoit pas d'estre sanctifiee, encores qu'elle continst des animaux immondes: toutes les paroles les plus delicieuses sont pures à qui a le cœur net. Et qui ne sçait

AV LECTEVR.
qu'en Paradis outre la Gloire essentielle des ames qui consiste en la veuë & en l'Amour de la souueraine Beauté & Bonté de Dieu, il y en aura vne accidentelle pour les corps qui comblera leurs sens de toutes les delices souhaittables ? Que si les Martyrs animez d'vn sainct zele, ont treuué des douceurs parmy leurs tourmens, comme S. Laurens, S. Tiburce, & ce grand Apostre qui disoit qu'en ses souffraces il surabondoit de ioye, pourquoy ne pourra-t'on pas rencontrer dans les aigreurs de la mort les suauitez de l'Amour, comme il se treuue des veines d'eau douce dans les amertumes de la Mer, & comme les enfans de la fournaise sentirent des rosees au milieu des flammes? A vostre iugement, mon Lecteur, que sont les extases des personnes plus eminentes en l'exercice de l'Oraison, sinon des transports sensibles qui les

é ij

AVANT DISCOVRS.

rendent comme morts ? ne font ce pas des morts amoureufes, n'eſt ce pas là ce doux fommeil duquel le S. Amant ne veut pas que l'on réueille fon Efpoufe? O que l'Amour eſt vn excellent Pharmacien, puifqu'il fçait incorporer les douceurs dans les douleurs & rendre les amertumes fauoureufes. Tels eſtoient les accez de cette fiebure qui faifoient fouhaitter à S. Ephrem en l'excez de fon ame que Dieu fe retiraſt de luy, comme n'eſtant plus capable de fouſtenir l'abondance de la fuauité de fes celeſtes viſites. Telles les deffaillāces de tāt de fainctes ames defquelles ie pourrois faire icy vne longue liſte, qui ont eſté ſi eſperdumét amoureufes de l'Eternel Bien-aymé: Tel le fentiment de ce Bien-heureux Apoſtre des Indes François Xauier, qui difoit au fort de fes plus fenfibles confolations, C'eſt aſſez Seigneur, c'eſt aſſez: Telle fenſi-

AV LECTEVR.

ble contentement de ce cœur tout enflammé de S. Augustin, quand il disoit d'vn si bel air, O aymer! O aller! O perir à soy mesme! O paruenir à IESVS-CHRIST! O vie Deuote, que tu es aymable, & cõbien dois tu affiner les plaisirs puisque tu succres les desplaisirs, puisque tu adoucis les aigreurs, & puisque lors que le sac de ce corps est deschiré tu nous enuironnes de liesses inexplicables! Quelque delicatesse, quelque friandise, quelque mignardise, que nous meslions dans ces escrits, nous n'arriuerons iamais à representer au naïf ces traicts sensibles dont nous venons de parler. Et puisque nous nous efforçons d'apporter quelque remede, par ces Histoires Deuotes, aux profanes inuentions de tant de Liures qui cachent les poisons sous le doux miel de leurs affetteries, pourquoy ne nous sera-t'il permis, pour en faire la

e iiij

diuersion auec vn pieux artifice de nous seruir des mesmes amorces, rendans l'antidote conforme au mal, contreminans l'Amour mauuaise par vne salutaire contre-amour? Ainsi l'a pratiqué le Sauueur rendant les Apostres de pescheurs de poissons pescheurs d'hommes, ramenant S. Mathieu de l'vsure temporelle au profit eternel, la Pecheresse penitente d'vne illicite à vne saincte affection: la Samaritaine par l'eau materielle à celle de la grace. Ainsi les chasseurs & les pescheurs prenent les poissons, les oyseaux & les feres sauuages auec des appasts conformes à leurs appetits. Qui ne voit cóme tous les iours on trompe vtilement les malades, en leur faisant prendre les drogues qui leur sont necessaires sous des noms supposez, & sous des formes déguisees? Le poisson appellé Sargus qui se pesche en la mer de Leuát a vne si for-

AV LECTEVR.

te passion pour les cheures que quád elles brouttent sur le riuage il se láce hors de l'eau & se veautre sur la greue pour les accoster, les pescheurs qui sçauent cette inclination naturelle se reuestent de peau de cheures pour faire vne meilleure prise, car ce poisson à la veüe & à la senteur de ces peaux s'auoysine de leurs barques & se precipite dans leurs filets auec vne telle abondance que souuent leurs rets en sont brisez. On dict quelque chose de semblable de celuy que l'on appelle Thymalus, car le thim dont il est friand à meruailles luy est vne amorce si puissante, que pour s'en repaistre il n'y a nasses qu'il ne penetre, rets où il ne saute, hameçós qu'il n'engloutisse. A ma volonté que ie peusse attirer au bien les personnes mondaines par les mesmes artifices qui les portent au mal, & que ma plume eust la qualité de cette lance de Pelias qui blessoit & guerrisoit d'vn mesme coup: Ou qu'elle fust semblable au rasoir du Chirurgien qui ne faict des playes que pour dóner la santé. C'est bien mon intétion, mais si ie tire trop court, c'est la force qui máque à mon bras, & à ma capacité, non à mon desir. Et qui ne sçait qu'entre les bons estimateurs la bóne volonté supplée au defaut de l'effect? C'est pour cela neantmoins que ie trauaille selon mon pouuoir, c'est pour cela que ie réplis mes Histoires de preceptes, tandis que d'autres garnissét les preceptes d'exéples. Si mon dessein ne réussit, tousiours mon intention est elle loüable, puisqu'elle ne vise qu'à ton seruice, mon cher Lecteur, à l'auantage de la Vertu, & à l'auancement de la Gloire de Dieu.

ELISE.

ELISE

LIVRE PREMIER.

AV commencement du regne de ce fameux HENRY, que ses merites enleuerent de la France pour l'esleuer au Throsne de la Poloigne, auparauant qu'vne legitime succession mist sur sa teste le Diademe de S. Louys : Il sembloit que l'aage doré, qui n'est qu'vne Vanité née dans le cerueau des Poëtes, fust vne Verité en la Gaule, parce que la Paix auec ses aisles d'or, y reuenant apres les furieuses tourmentes qui auoient durant la Royauté du genereux CHARLES son predecesseur, mis le vaisseau de cet Estat à deux

A

doigts de son nauffrage, y r'apporta auec l'Abondance & la Tranquillité, la ioye, les contentemens, & tous les plaisirs imaginables: car à la verité ce monde n'estant agreable qu'en sa varieté ny harmonieux selon l'imagination des Platoniciens que par ses contre-pointes; il faut auoüer que comme l'obscurité de la nuict fait treuuer plus belle la splendeur du iour, comme les sombres couleurs releuent l'esclat des hautes, comme la rudesse & la noirceur des broffailles contribuë à la douceur & à la blancheur des Lys, & cóme les espines seruent d'ornement aux roses, comme le calme ne paroist iamais si gracieux sur la mer qu'apres les frayeurs d'vne forte bourrasque, cóme le vin ne semble point si doux que quand le goust est picqué de quelque amertume, comme la soif & la faim font treuuer delicieuses les potions & les viandes les moins sua-

LIVRE I.

ues; ainsi la Paix n'est iamais tant en son lustre qu'apres vne longue & aspre guerre: telle que fut celle qui auparauant le retour de ce grand Astre, auoit deschiré cette Monarchie de tant de dissentions inciuilement ciuiles, qu'il sembloit que nostre Nation deuenuë maniacle ne prist plaisir qu'à ouurir ses propres entrailles & à se deffaire elle mesme, plus affamée que Saturne de la chair de ses propres enfans.

On ne voyoit par tout que carnage, & que morts,
Que des fleuues de sang, que montagnes de corps.

Alors apparut ce HENRY, qui reuenãt d'vn bout du monde, quittant la Paix d'vn Royaume où il estoit adoré, pour la venir donner à cette contrée où sa naissance & son inclination le r'appelloient, fut veu comme vn feu S. Elme, ou si vous voulez comme vẽ

A ij

Neptune renfermant les vents des seditions dans leurs geolles, & calmant par le trident de sa valeur, de sa prudence & de sa bonté les flots mutinez qui battoient les flancs de cette grande Barque, qui le recogneut aussi-tost pour Pilote, & le receut pour son Prince legitime. Le glaiue ne voltigea plus sur les testes des cócitoyens, on apprit par l'experience que le fer & le feu estoient d'inutiles moyens pour abatre l'Hydre qui auoit causé tant de malheurs, la Terre bût le sang & en effaça le souuenir de la Memoire des hommes, les larmes furent essuyées, les desplaisirs oubliez, l'Amnestie publiée. Ce grand Prince

Faisant fleurir l'oliue aux campagnes de Mars,

Ramena par la Paix la science & les arts.

Et alors comme l'amertume de l'absynthe fait treuuer plus suaue la douceur du miel, ainsi le contentement d'vne tranquillité inesperée rauissoit tellement ceux qui en joüissoient, qu'il leur ostoit le moyen de le bien exprimer. Vous eussiez dit que c'estoit vn Salomon paisible succedant à vn sanglant Dauid: l'opulence dont la France est la miniere mesme cachât tous ses thresors dedans son propre sein, se fit reuoir sur la face de la terre: La Cour s'embellit comme vn Ciel parsemé d'autant d'astres qu'il y auoit de Princes & de Seigneurs. Le Roy y paroissoit comme vn Soleil, non seulement pour sa Souueraineté, de laquelle deriuoient les rayons de toutes les autres Grandeurs; mais encores pour les merites de sa personne: car dans ses conseils il estoit le plus Prudent, dans les exercices le plus adroict, dans les armes le plus vaillant, parmy les galands celuy qui auoit la meilleure grace, dans les compagnies le plus accort, parmy les braues le plus agreable, parmy les bien-difans le plus eloquent, parmy les deuots le plus religieux, parmy les pompeux le plus magnifique, & par tout où il eſtoit on ne pouuoit ſe meſprendre ny prendre pour Alexandre Hepheſtion: car il auoit vne Majeſté ſi graue & ſi douce, vne face ſi digne de l'Empire, qu'il ſembloit auoir graué ſur ſon front & en ſon port. Voila le Roy. Or toutes ces veritez ſont ſi eſloignées de flatterie, qu'il ne faut qu'auoir eu des yeux qui l'ayent veu pour auoüer que ce n'eſt qu'vne foible idée de ce qui ſ'en peut dire ; Veritez que l'on peut d'autant plus hardimét produire, que c'eſt non ſeulement apres le treſpas qui ouure le pas à la loüange, ſelon la permiſſion du plus Sage des Roys; mais en vn temps auquel on ne peut imaginer aucune pretention de recognoiſſance, puis que nous ne voyons plus aucune trace de sa race: car quelle recompense pourroit-on attendre d'vn Prince qui apres la possession de deux grands Sceptres a esté plusieurs années sur la terre comme priué du dernier honneur de la sepulture, restant, comme a chanté vn Poëte de son temps & sa creature:

Vn tronc abbatu par la foudre
Qui n'estoit qu'vn petit de poudre.

Aussi est-ce à la seule Image de ses vertus que ie rends cette deuë memoire. Il y auoit neantmoins cette gracieuse difference entre le Soleil & ce Prince au milieu de sa Cour, c'est qu'au lieu que cet Astre engloutit la clairté des moindres Planettes, quand il paroist sur l'Horizon, ce grand Roy au contraire donnoit vn tel lustre à ceux qui l'enuironnoient, que sans rien perdre de sa preéminence il leur departoit vne clairté qui les rendoit respectez des vns & enuiez des autres: car tous les oyseaux ne supportent pas esgalement l'esclat de la lumiere. Certes on pouuoit dire de la Magnificence de ce Prince cela mesme que la Royne du Midy dict à Salomon, que bien-heureux estoient ses seruiteurs; car outre qu'il leur estoit tres-liberal, encores leur estoit-il fort debonnaire. En cette entrée de Regne il se pratiqua tant de grandeurs, & se passa tant de merueilles à la Cour, que comme il n'est point de beau visage qui n'ait quelque verruë, on estoit plus en peine de defendre la profusion de ce grand Monarque que de loüer sa liberalité. Il viuoit ainsi heureux, adoré de ses sujets, aymé de ses voysins, redouté des estrangers, estimé de tout le monde; quand le Ciel ialoux de voir tant de prosperitez en la Terre que presque l'on l'oublioit, sema des emulations & des ialousies parmy les Grands, qui ont abouty aux fureurs que nous ne

pouuons exprimer que par le silence,
joint qu'elles ne font rien en l'Histoire que i'ay maintenant à deduire, laquelle en son tragicque euenement arriué durant ces grandes prosperitez que nous venons de depeindre, sembla estre vn presage priué des malheurs qui suiuirent cette felicité publique. Car comme il arriue ordinairement sur la mer que certains oyseaux blancs venans à raser les eaux ou à se percher sur les Nauires, c'est vn signe asseuré d'vne tourmente prochaine: Aussi l'Innocéce renduë coulpable & punie comme criminelle, ainsi qu'il apparoistra en la suitte de ce Narré, fut comme vn augure que l'enuie laquelle naist & se paist comme vne Cantharide dans les plus belles roses, deuoit par des artifices miserables couurir ce grand Prince de tant de noires calomnies, que sa Religion seroit prise pour impieté, & sa

Pieté pour irreligion par ceux-là mesmes qui deuoient estre les Trompettes de sa Gloire; & qu'il seroit persecuté par ceux-là mesmes qui deuoient estre les arcs-boutans de son auctorité & de son Empire. Mais pour ne pincer point dauantage cette chorde trop deliée pour vne main si rude que la mienne, ie me contenteray de dire pour venir à mon faict, que le cœur de ce bon Roy estant extremement ouuert à la Bien-veillance, plusieurs fauorits disans encores ce petit mot de liberté & fauorites, y entroient en nombre. Et comme il ne se peut faire qu'en cette multitude ne se multiplient aussi les passions selon la diuersité des esprits & des personnes interessées; il arriua qu'vn Seigneur d'illustre naissance & de qualité releuée, & qui auoit vne fort belle charge dans la maison du Roy, tumba non pas tout à fait en la disgrace, mais en mesestime du Prince, par les artificieuses industries d'vn fauory qui ne l'aymoit pas. Et par ce qu'il importe de cacher les noms & les qualitez des personnes en ce Narré, à cause des tragicques euenemens qui paroistront au fil de sa deduction, nous les cacherons auec tant d'art, que nous imiterons la foudre qui brise les os sans interesser la peau, fond les espées & l'argent sans endommager les fourreaux & les bourses: joint qu'il importe fort peu pour tirer du profit d'vn exemple de sçauoir les particularitez & les circonstances des lieux, des personnes, & de leurs tiltres; pourueu que le faict soit raconté au vray, nettement & clairement. Nous ferons donc icy comme l'abeille, que l'on tient tirer son miel des fleurs auec tant de subtilité que sans les flestrir & sans les entamer elle se contente d'en boire auec la rosée & le suc & l'esséce, les laissant aussi fraisches que si elle ne les auoit point touchées: Aussi nous esperons conduire le bec de nostre plume auec tant de prudence & de circonspection sur les fleurs amerement douces de ce parterre, tantost blanc d'innocence, tantost rougissant de meurtres, que sans offencer les familles, & sans interesser les personnes, nous en espreindrons le rayon de cette Verité, sorty autrefois de la bouche d'vn graue Historien, qu'il est tres-perilleux parmy tant d'humaines erreurs, & parmy tant d'obscuritez qui noircissent le cours de cette mortelle vie, de viure sur l'appuy de sa propre Innocence: car comme le Soleil tout rayonnant qu'il est, peut estre tellement ou offusqué de nuages, ou reboufché par l'opposition du corps opacque de la Lune, que sa lumiere se desrobe à nos yeux; ainsi la plus grande pureté peut estre soüillée par vne fausse accusation, & la plus extreme candeur noircie par la calomnie. Ce Seigneur donc duquel nous parlions, & dont nous voilerons le nom sous celuy de Timoleon, se voyant descheu de cette ancienne grace qu'il auoit accoustumé de recueillir tous les matins, comme vne douce Manne sur le visage de son Prince:

Triste & melancolic pour ne pouuoir entendre
Quel œil malicieux charmoit son troupeau tendre.

En fin se doutant que la hayne inueterée qui estoit entre sa maison & celle de ce nouuel Aman, dont il n'esprouuoit le regard que trauersé, luy procuroit ce mauuais office vers son Assuere; il essaya en vain par l'entremise de l'excellente Esther qui regnoit lors de faire cognoistre au Souuerain ses fideles seruices & ceux de ses Majeurs, diray-je qu'il employa encores vers son grand Salomon le credit de la Bersabée, qui pour lors auoit vn fort ascendant sur son esprit, sans pouuoir retreuuer le calme qui luy estoit troublé par les vents des preoccupations d'vne faueur qui le mettoit en desfaueur: tel est le ieu de la Cour, vn perpetuel boute-hors, tous Iacobs supplantateurs, vn Occean qui a ses flux & ses reflux continuels, ses esleuations & ses decadences: Mer de verre esclattante, mais fragile, & d'autant plus proche de sa brisseure qu'elle brille dauantage. Il voit saper l'edifice de sa fortune, qui sembloit comme ces vieux bastimens se soustenir de son propre poids, il le voit menacer sa ruine par vne mine secrette qui ne luy promet que de le reduire en poudre s'il pense y contrarier: c'est vn torrent que la faueur qui entraine tout ce qui s'oppose à sa force, il luy faut faire la place large, c'est vne folie que de vouloir arrester son cours. C'est vn branſle qui vient d'vne puiſſance ſuperieure, comme parlent les faiſeurs de loix, qu'vne auctorité inferieure ne peut arrester: ceux que la fortune conduit à ce poinct de les rendre maiſtres & poſſeſſeurs du cœur & de l'oreille des Souuerains; ce ſont des Heros qui ont ie ne ſçay quoy de mitoyen entre la condition des hommes & celle de ces perſonnages redoutables, que les Anciens appelloiét des demy-Dieux. En vain noſtre Timoleon luitte cótre cet Eſprit, non pas plus grand, mais plus puiſſant que le ſien, il faut qu'il cede & qu'il deuienne boitteux, ſans auoir pourtant aucune victoire, comme Iacob. Les Maiſons de ce vieux Mardochée & de ce ieune Aman eſtoient non ſeulemét d'vne meſme Prouince, mais encores fort voyſines ; & comme il arriue ordinairement que les amitiez ou les inimitiez sont extrêmes entre les voysins; la hayne plustoſt que la bien-veillance s'estoit renduë comme hereditaire entre ces familles, bien qu'inegales; car celle de noſtre Timoleon dans le pays auoit tout vn autre rang, toute autre & seance & creance, que celle de celuy qu'il n'eſt point autrement besoin de nommer que par vne simple designation, pour n'ouurir la porte à aucune conjecture. Mais depuis (telle eſt la varieté des changemens humains) le ieune Iean a couru bien plus viſte en la lice du bon-heur que noſtre vieux Pierre: car celuy-cy demeurant en arriere a laissé vne obscure poſterité, qui ne paroiſt non plus deuant celle de l'autre que la moindre eſtoile du dernier Ciel auprés d'vn grand Planete. Telles sont les viciſſitudes du monde : ainsi Dieu tenant des balances en la main de sa Iustice par des

voyes

voyes qui nous font incognoiſſa-
bles, releue l'vn, & abaiſſe l'autre, faiſant de la meſme bouë, comme vn iudicieux potier, ores des vaſes d'honneur, ores des vaiſſeaux d'ignominie.
En fin Timoleon eſt côtraint de s'abbatre ſous la peſanteur de ſa diſgrace:
& comme les grands courages qui ſe
nourriſſent de careſſes, ne peuuent
ſouffrir des refroidiſſemens, d'ailleurs
ne pouuant ſupporter l'aſcendant de
cet Aſtre, dont la nouuelle clairté
ſembloit luy faire le meſme affront
que le Soleil fait tous les matins aux
Eſtoilles, & le couurir ſinon d'obſcu-
rité, au moins des ombres d'vne ialouſe enuie qui le tourmentoit impi-
toyablement; ſans attendre vn honteux congé, il preuient cet eſcorne, &
minutant ſa retraite demande permiſſion de ſe deffaire de ſa charge. Le
Roy qui eſtoit bon, quoy que refroi-
dy en ſon endroit, ſon eſprit eſtant

B

preoccupé de sentimens contraires à l'estime qu'il deuoit auoir de sa fidelité; & d'autre-part comme Prince auisé ne voulant pas le couurir de mescontentement par vn fascheux rebut, fut bien ayse que cette demande vinst du mouuement de Timoleon, auquel il auoit assez fait lire en son front que son absence luy seroit autant agreable que sa presence luy desplaisoit : Et pour enterrer la Sinagogue honorablement, apres l'auoir remercié des seruices qu'il luy auoit rédus en cet office qui regardoit la coseruation de sa persone, office exercé par luy mesme & par ses Majeurs auprés des Roys ses deuanciers auec toute la loyauté que des Souuerains pouuoient desirer en de fideles sujets, sa Majesté loüa sa resolution, qui estoit de se retirer de bonne heure du tracas de la Cour, pour ioüyr au moins sur la fin de sa vie en sa Maison de cette aymable tranquillité qui ne se peut gouster dans le train des affaires du monde. Et parce que le Roy desiroit que cette charge tombast entre les mains d'vn Seigneur parent de celuy que nous auons designé, & qui l'auoit assisté en son voyage de Poloigne, il tesmoigna à Timoleon qu'il auroit à gré qu'il la remist à celuy là, & pour la recompense qu'il en auroit telle satisfaction qu'il auroit occasion de s'en contenter: faisant semblant d'estre marry que son fils qui estoit nourry entre les enfans d'honneur de la Chambre Royale ne fust en âge de l'exercer, promettãt de le recognoistre quãd il en seroit tẽps, de quelque dignité qui ne seroit pas moindre. C'estoit assez dict & prudẽmẽt parlé pour vn Prince, qui doit tenir pour maxime inuiolable de ne laisser iamais sortir aucune personne mal satisfaitte de deuant soy. Mais il faict mauuais se ioüer à son Maistre, & les oreilles des Roys ne se doiuét emplir que de paroles de soye, ie ne dis pas de flatterie, mais de douceur & d'humilité. Timoleon pour auoir mal pratiqué ces axiomes aura tout loysir de s'en repentir. Car comme il auoit le courage hault, & selon le nom que nous luy donnons vn cœur de lyon quand il s'agissoit de l'hôneur, se laissant emporter à sa passion, passant les termes du respect qu'il deuoit à son Souuerain, il se mit (par vne humeur cômune à ceux de sa Prouince) à faire des brauades, à vanter sa naissance, & à estimer ses seruices & ceux de ses ancestres; sans considerer que des bienfaicts reprochez prennent la qualité d'injures ; & donnant plus outre il sembloit qu'il taxast la Majesté du plus liberal Prince qui se peut dire d'ingratitude en son endroict, & plus encores de violence, le voulant comme contraindre de remettre sa charge entre les mains d'vne des creatures de son ennemy, au lieu qu'il auoit dessein d'en commettre l'exercice à vn de ses parens pour la consigner à son fils quand il seroit en aage de la conduire: sur quoy il luy eschappa tant de paroles de precipitation, que la patience du Roy par trop violentée se changea en vne telle cholere (cholere de Roy que le Sage compare au rugissement d'vn lyon qui faict trembler tous ceux qui l'entendent) qu'il luy commanda de vuider sa Cour dans trois iours, & d'emmener son fils auec soy, luy donnant son pays pour bannissemét & sa maison pour prison, auec defences de se presenter iamais deuant sa face. Il voulut repartir, & tout soudain se repentir; mais le Roy passant ailleurs le laissa là comme vn homme frappé d'vn esclat de foudre auant que d'en auoir veu l'esclair. Certes aussi ces indiscretions ne sont pas supportables: comme il ne faut point escrire contre ceux qui peuuent prescrire, aussi ne faut-il iamais contester auec ceux qui d'vn seul de leurs regards nous peuuent exterminer. Voila Goliath, voilà le Colosse de Nabucodonozor abbatus d'vn coup de foudre & de la cheute d'vne pierre; voila vne fortune renuersée par vne fougue inconsiderée, & Timoleon reduict aux termes d'vn desespoir. Il employe le vert & le sec pour obtenir ce qui luy auoit esté à l'abbord si humainement accordé: mais tous ses efforts & ceux de ses amis sont inutiles; car le Roy desia imbu de deffiances & de mauuaises impressions contre luy, accusant ses Rodomontades d'insolence, luy voulut monstrer qu'il estoit le Maistre, & qu'en imitant Dieu dont il estoit l'Image, il sçauoit releuer les humbles, & raualer les hautains. Son ennemy qui ne perd pas son temps, & qui croyt que son expulsion luy donnera les coudées plus franches à la Cour, que la diminution de ceste maison sera vn marchepied pour releuer la sience, obtient cette charge pour son parent, de laquelle pour accoiser les murmures Timoleon fut encores trop heureux d'en tirer vne triste recompése, fort esloignée de celle qu'il eust eüe se retirant en apparence auec la grace de son Prince, & auec esperance de mieux pour son fils. Voyla de cheres braueries. Cet absynthe luy rend ameres toutes les douceurs de la Cour: neantmoins parce qu'il y estoit habitué il la quitte auec regret, comme ces esclaues si accoustumez à la seruitude que la liberté leur est ennuyeuse. L'air du pays, qui est si doux à chacun, luy semble desagreable, parce qu'il l'aborde auec vn rebut qui sent son exil; sa maison qu'il deuroit aymer naturellement estant deuenuë prison, pour ne faire point mentir le prouerbe, luy semble sombre & laide, encores qu'elle fust & specieuse en bastimens & spacieuse en estenduë & en seigneurie, laquelle pour estre situeé sur le beau riuage d'vn des fameux fleuues de France qui voit à ses deux extremitez deux des principales villes de cet Estat, nous prendrons la liberté de l'appeller Belleriue. Et ce qui luy rend cette demeure moins suaue, outre le souuenir de la façon dont il quittoit la Cour, qui le rendoit vn but à la mesdisace de ses malueillans, & l'humeur ordinaire des hommes qui est de desirer ce qui est defendu, & de hayr ce qui est commandé, c'est la solitude d'vn triste veufuage, auquel il se treuue reduict en vn aage si auancé, qu'il s'immoleroit à la risée du monde s'il tentoit vn second naufrage, bien qu'en ce tépslà il eust autant de besoin qu'en aucun autre d'vne femme qui eust soin de sa personne, & qui le soulageast en la conduitte de son bien; chose que les Courtisans entendent pour l'ordinaire assez mal. Et certes il semble que ce que Dieu au commencement du monde dit du premier homme se puisse encore dire de l'homme mondain, qu'il ne luy est pas bon d'estre seul; c'est pourquoy en ce Paradis de delices où Adam fut creé il luy donna vne Compagne pleine de douceur & d'attraicts, afin que rien ne luy manquast qu'il peust desirer en cet heureux estat d'innocence. Que la maison de Timoleon soit la plus belle du monde, si est-ce que venant du milieu des excellentes conuersations dont la Cour estoit pour lors & fameufe & brillante, ce foudain changement l'eftonna bien fort, principalement quand dans cette ennuyeufe folitude l'efpineufe follicitude de plufieurs affaires que fa longue abfence auoit renduës embroüillées, commença à le poindre de toutes parts: Il f'eft veu à la Cour careffé de fon Maiftre, chery des Grands, honoré de fes égaux, obligeant les moindres à fon ayfe dans vne belle charge, tout à coup le voila enuironné d'vne menuë Nobleffe, qui fous l'apparence de l'honorer vient en efperance de le deuorer; tout cela luy defplaift à merueilles. Toute fa confolation eft en fon fils, agreable Gentilhomme & de telle mine qu'il la falloit auoir pour eftre des enfans d'honneur de la Chambre d'vn Roy, le plus poly & le plus pompeux qui fuft en l'Vniuers: mais comme d'vn cofté cette belle prefence le contente se voyant cóme renaistre en ce ieune surgeon, de l'autre le feu de ses blesseures prouient du lieu mesme de son ayse, en considerant comme il auoit ruiné la bonne fortune de cet enfant, le vent de son imprudence l'ayant gelée & en fleur & en bourre. Cela le met en vne melancholie qui ne se peut pas bien exprimer sinó par ceux qui ont vne forte passion pour l'auancement de leur posterité. Mais quoy, il n'y a plus de remede, c'est vn os de cheual brisé, il n'y a point de moyen de le rejoindre. Toutes ses pensées vont au mariage de son fils, mais il luy semble trop ieune pour le reduire si tost à ce ioug, comme il se cognoist trop vieux pour le reprendre; il ressent assez neantmoins combien luy seroit vtile vne belle & bonne fille, qui prist le soin de le soulager en ses iours auancez, & qui le deliurast du menu soin de sa maison, qui pille ordinairement plus vn grand courage que ne font les plus importantes affaires, tout ainsi que les mousches sont plus fascheuses que des animaux plus nuisibles à cause de leur frequence & de leur importunité. Souuent il disoit en soy-mesme ce que le plus ingenieux des Poëtes faict dire au pere de Daphné, desirant infiniment que cette pucelle quittant la compagnie & les exercices de Diane se rengeast sous les loix d'Hymen.

Ma fille tu me dois bien tost donner vn gendre,
Si tu ne veux d'ennuy me voir reduire en cendre.

Et quelquesfois il' eschappoit à nostre Timoleon de dire à son fils,

Tu me doibs au plustost rendre vne belle fille,
Qui prenne soin de moy & de cette famille.

Mais ce ieune Seigneur (que nous appellerons Philippin, sans beaucoup déguiser l'appellation de sa naissance, puisqu'à sa Regeneration le nom de ce fameux Apostre qui conuertit l'Eunuque de la Royne de Candace luy fut imposé) plus attentif aux ieux & aux passe-temps conformes à son humeur & à son aage, prestoit peu d'attention à ces remonstrances paternelles : car que sçauroit on grauer ou sur vn Mercure non fixé ou sur le courant d'vne eau qui ne faict que couler ? La chasse est le principal exercice de cet Adonis; car à quoy se pouuoit plus noblement addonner ce sang bouillant & genereux qu'à cette occupation, qui est en la paix l'image viuante de la guerre ? Timoleon y va bié quelquefois, mais c'est rarement, & encores à celles qui auoient peu de violence ; car le benefice, ou si vous voulez le malefice des ans commeçoit à le rendre inhabile à ce trauail; il aymoit mieux la curée que la queſte, & la proye que la pourſuitte, au rebours de Philippin qui n'aymoit le gibier qu'en la courſe ou au vol, & non au plat. La ieune nobleſſe circonuoiſine s'aſſemble vers ce ieune Seigneur, il en eſt & careſſé & honoré auec toutes ſortes de reſpects: & comme c'eſt la couſtume des Courtiſans d'adorer pluſtoſt le Soleil Leuant que le Couchant, tandis que le pere feſtine les plus vieux, Philippin broſſe les bois auec les plus ieunes: & comme le ieune Aſcaigne chez le Prince des Poëtes Romains plein de fougue & de valeur, il ne demande que la rencontre de quelque rude ſanglier, de quelque loup furieux, de quelque vieux cerf, pour monſtrer en la grandeur de ſa priſe celle de ſa vigueur. Mais apres tant de proyes il la deuint, apres tant de pri-

ses il fut pris, & toute sa force ruée
par terre, non par la dent cruelle d'vn
ságlier, non par le bois d'vn cerf, non
par la secousse d'vn loup, non par la
patte d'vn ours, mais par vn traict
d'œil pire que celuy du basilic, car en
fin cette attainte luy causa la mort, &
qui pis est vne mort miserable. Il y
auoit en vne gétille valée assez voysine de Belleriue vne petite maisó d'vn
Gentilhomme feudataire de Timoleon; de cette situation nous prendrons occasion de l'appeller Vaupré,
parce qu'estant toute enuironnée de
prairies & de ruisseaux qui en rendoient l'assiette fort agreable & fort
amene, vous eussiez dict à la voir petite, mais bien composée & bien
troussée, que ce fust vn bouquet au
milieu d'vn grand parterre de fleurs:
elle estoit possedée par vn Maistre
pauure des biens de fortune, mais
d'vn courage braue & determiné, il se

fera cognoistre en cette Histoire sous le nom de Pyrrhe, sans alterer le sien que d'vne lettre; cettuy cy auoit pour enfans vn fils & vne fille sortis d'vne mere tout à faict genereuse, que nous nommerons Valentine; de sorte que comme les aigles n'engédrent point des colombes, ces enfans n'estoient que courage & generosité. La fille que nous nommerons Isabelle portée à cela partie par son frere, qui se rendra cogneu sous le nom d'Herman, quittant dés sa plus tendre enfance les occupations ordinaires de son sexe, s'addonna aux exercices des armes & de la chasse auec tant d'adresse & de force, qu'elle estoit admirée de tout le voysinage comme vne autre Amazone. Son pere qui l'aymoit fort de cette humeur estoit bien ayse qu'elle montast à cheual comme vn homme, qu'elle apprist à courre la bague, à voltiger, à tirer des armes, à manier

manier vne harquebuse, & contribuoit à cela son industrie; la mere n'en estoit point faschée, ne iugeant pas que cela contreuinst à l'honneur dont elle estoit for ialouse. Or comme les choses estranges sont coustumierement plus estimées, aussi ces occupations extraordinaires donnerent vn tel nom à cette fille, que toutes ces vallées ne retétissoient que de ses loüanges, & ces Echos donnoient enuie de voir cette merueille à tous ceux qui les entédoiét: il se faisoit peu d'assemblées de chasse qui fussent celebres où elle ne se treuuast, tousiours accompagnée de son pere ou de son frere; & comme elle y estoit seule de sa façon, elle y paroissoit auec tant d'auantage, & outre cela auec tant de modestie, que cette presence inaccoustumée emplissoit les cœurs & les yeux d'estonnement & d'admiration. Elle estoit extremement

C

bien nourrie, adroitte en tout ce qu'elle faisoit, elle parloit auec vne grãde discretion, ses actions estoient composées & retenuës: & bien qu'elle donnast quelque chose à la viuacité du naturel qui luy auoit fait embrasser des exercices si esloignez de sa condition, neantmoins c'estoit auec tant de naïfueté & si peu de vanité, qu'en cela mesme où la mesdisance eust voulu mordre, elle se rendoit non seulement irreprehensible, mais loüable: & pleust à Dieu ou qu'elle fust demeurée dans ces termes, ou qu'elle se fust retenuë dans les bornes des exercices de son sexe; nous ne la verrions pas diffamee comme elle sera, & le funeste instrument des Tragicques euenemens dont sera ensanglanté le cours de cette Histoire. La reputation de cette Diane ne mit gueres à paruenir aux oreilles du ieune Philippin, lequel plus par curiosité que pour aucune affection qu'il eust iamais experimentee, desira la voir à cheual, & en fit la demande à Pyrrhe qui le voyoit souuent, lequel ne voulut pas refuser cette courtoisie au fils de son Seigneur feodal, & qui deuoit vn iour estre le sien. On fait vne partie pour courre le Cerf, Pyrrhe & Herman amenerent Isabelle à l'assemblee, laquelle sans autre dessein que du general qu'ont toutes celles de son sexe de se rendre agreables aux yeux de ceux qui les considerent, se mit en tel ordre, que ses graces naturelles qui n'estoient pas petites, furent releuees auec tant d'art, qu'il luy fut aysé d'attirer sur soy le regard de toute la troupe. Ie ne m'amuseray point à l'inutile deduction de sa forme & de ses habits; car bien que la peinture de sa grace peust de beaucoup embellir ce Narré, estant dressé neantmoins pluftoft pour faire voir la beauté de la Vertu & la laideur du Vice, que pour reprefenter des perfections corporelles, il me fuffira de faire voir la caufe par l'effect, en difant que le feu ne fe prend point fi toft au naphthe de Babylone ou à l'herbe Aproxis, comme celuy de l'Amour fe prit au cœur du ieune Philippin à la prefence de cet object, qui luy fembla le plus beau qu'il euft iamais apperceu. La veuë de fon corps rauie en cette contemplation porta vn tel éblouïffement dans celle de fon efprit, qu'il en perdit & la liberté & la cognoiffance de foy-mefme, de forte qu'on peult dire de luy ce mot d'vn Poëte ancien,

Il perit, en voyant
Cet efclat flamboyant.

Ce grand coup le frappa d'vne telle forte qu'il en refta tout penfif & eftonné. Durant la chaffe il ne fit que resuer à sa nouuelle playe, estant plus deuoré de ses pensées qu'Acteon ne le fut de ses chiens. Son cœur fut vne cire molle à l'impression d'vn tel cachet, & cette exellente forme treuuant vne ame innocente comme vne carte blanche, s'y traça d'vn rayon si fort, que la seule mort en effaça le caractere. Isabelle empressee à la poursuitte du Cerf ne pensoit à rien moins qu'à vne telle prise, n'estimant pas que ce ieune Seigneur venant fraischement d'vne Cour pleine d'autant de rares obiects que la nuict allume de feux dans le ciel, deust abaisser ses yeux sur sa rusticité, & n'estant pas aussi tellement presomptueuse que de hausser les siens iusques au dessein de captiuer celuy auquel elle deuoit tout hommage; de sorte que si le cœur de Philippin fut vn miroir creux pour receuoir les rays ce cette nouuelle lumiere, celuy

C iij

d'Isabelle fut vn miroir en bosse qui rejetta les traicts de toute impression: qu'elle eust esté heureuse si elle eust tousiours fait ainsi, vn blasme eternel ne couuriroit pas sa memoire. L'issuë de la chasse qui eut tel succez que l'on eust peu desirer, & où Isabelle auoit rendu des tesmoignages de son addresse à cheual, & de l'intelligence qu'elle auoit en cét exercice, Philippin se rend à Belleriue portant à son pere la teste d'vn grand cerf qui leur auoit donné bien de la peine à prendre; ce ne fut pas sans luy exaggerer les merueilles de l'Amazone auec des termes si auantageux qu'il estoit aisé à iuger qu'il l'auoit consideree auec beaucoup d'attention; il ne dict pourtant qu'vne partie de ce qu'il pense, mais il en dict assez pour doner enuie à Timoleon de voir cette fille, qui sçauoit dompter vn cheual auec autant d'art & de iustesse que

Gentilhôme qui fuſt en cette côtree. On fait de nouuelles aſſemblees, où Timoleon la vit & l'admira, s'eſtonnant de voir tant de force & de vigueur en vn ſexe qui ſemble auoir la foibleſſe & la debilité pour ſon partage; ioint que tout ce qui eſt extraordinaire eſt touſiours excellent. Ie ne dis rié de ſa beauté, parce que ie n'entéds rien ny à la conſiderer ny à la deſcrire, pourtant on dict qu'elle paſſoit la mediocrité, mais qu'elle eſtoit accompagnee de tant de grace & bonne mine, que l'enchaſſeure ſurmontoit la pierrerie, & la façon ſurpaſſoit l'eſtoffe. Tant y a que Philippin en eſt non plus touché, mais tranſporté, pour luy tout eſt admirable en elle. Ce n'eſt plus ce chaſſeur impatient qui n'auoit que les bois & les chiens dans la teſte, ſon imagination eſt ſi fort remplie de ſa nouuelle paſſion, qu'à peine y a-t'il de la

C iiij

place en soy pour soy-mesme; car pour sa raison elle est tout à fait bannie, cette idée occupe tous ses sens, il en deuient triste & morne: & celuy qui n'auoit peu comprendre autre passion qu'vn desir extreme de courir, deuient plus reserué & retenu que son aage ne porte. Ce n'est pas pourtant qu'il perde aucune occasion de chasse où il pense que se doiue rencontrer celle qui l'a pris, au contraire c'est ce qu'il recherche auec tant de curiosité, qu'il y vole plustost qu'il n'y va, non tant comme Chasseur que comme Amant; au lieu que l'autres y treuue non tant Amante comme Chasseuse. Il voit ainsi souuent Isabelle, mais ne luy parle de rien moins que de sa passion, la couurant de la cendre de tant de retenuë qu'il n'en euapore pas seulemét vne estincelle d'apparence.

*Il brusle & se consume, & la nuict & le
iour,*

En nourrissant d'espoir vne sterile Amour.
Aussi cette Ino est gardee par des Argus qui ont des yeux aigus comme des Linx, c'est vn iardin de pommes d'or gardé par deux dragons tousiours veillans sur sa conseruation; si bien que Philippin voit deuant ses yeux

Le Paradis de ses plaisirs
Estre vn enfer pour ses desirs.

Mais qui peut porter longuement du feu dans son sein, dit le Sage, sans en faire paroistre quelque rayon ou quelque fumee? les loüanges continuelles de cette fille, qui comme de viues flammesches sortoient continuellement par la bouche de ce ieune Amant de la fournaise de son cœur, firent assez cognoistre au rusé Timoleon, à qui l'aage auoit appris les secrets des accés de cette passion fieureuse, que la bonne grace de cette fille auoit donné dans les yeux de son fils: car tout ainsi que les Medecins corporels font de grands & fort asseurez iugemens des dispositions internes par la veuë de la langue, ainsi la parole trahit les pensees de l'interieur & les descouure aux personnes intelligentes & accortes. Et qui ne sçait que les oyseaux & les animaux de la terre par leurs ramages & par leurs cris font cognoistre à ceux qui les entédent cette chaleur qui les anime quand ils sont picquez de ce taon que l'on appelle Amour ? Au commencement ce bon homme mesprisa d'y apporter le remede, estimant que ce fust vne flamme volage & legere qu'il pourroit esteindre du premier souffle de sa parole ; mais sa prudence se treuua trompee pour n'auoir pas bien pratiqué ce precepte, qu'en de semblables maux il faut obuier aux principes, les antidotes tardifs & hors de saison estans inefficaces pour oster des impressions inueterees: Cependant ce petit papillon brusle inconsiderément les aisles de ses desirs autour de ce flambeau, qui luy sera funeste; ce ne sont que visites à Vaupré, que parties pour la chasse, laquelle il n'ayme que comme Didon l'aymoit pour y voir Enee: sans la Diane elle ne se faict iamais bien à propos, Isabelle est l'astre qui rend luisantes les plus sombres obscuritez des bois; en est il de retour, il n'en sçauroit parler sans protester que comme elle est l'honneur des forests, elle est aussi le bonheur de leur prise, il deuoit dire le malheur de la sienne, comme elle sera vn iour le deshonneur de sa maison: & tout ainsi que la fine Anne sœur de la Royne de Carthage recognut que Didon estoit touchee des perfections de ce nouuel hoste que la tempeste auoit faict aborder en son port, par les excessiues louanges dont elle releuoit son merite, le tenant pour vn homme de la race des Dieux, ainsi ce ieune oyseau commence à se descouurir par son chant, & sans dérober sa passion à la cognoissance des hômes il la publie & s'en vante. Il est ordinairement à Vaupré attiré par les chaisnes inuisibles de ses affectiós; & quád il est à Belleriue, il y va de pensée, parce que l'ame est plus dans l'obiect aymé que dans le corps qu'elle anime. Mais parce qu'il ne peult accoster cette fille sans aborder sa mere Valentine, & son pere & son frere, il sçait auec tant d'art (subtilisé par cette passion, qui est la mere des inuentions) gaigner ces trois esprits qui tiennent à beaucoup de Gloire ses visites, & quand ils s'apperceurent de sa recherche, ils la tindrent à autant d'honneur comme elle leur estoit auantageuse. Desia Pyrrhe, desia Valentine se repaissent de la fumee de cette grande alliance, & Isabelle qui n'estoit pas de bronze se voyant si religieusement honoree & si soigneusement seruie par vn Seigneur qui preuenoit ses plus hautes esperances, se laissa porter à vne reciproque bienueillance; en quoy ny l'vn ny l'autre ne pouuoient auoir aucun blasme, puisque ces affectiós auoient pour visee vn Sacrement qui est grád en Iesvs-Christ & en son Eglise. Ce n'est ny mon humeur ny mon dessein de descrire icy les particularitez de cette Recherche; car outre qu'il les faudroit ou feindre ou deuiner, quand i'en sçaurois la verité, ie n'estime pas que ces menus entretiens deussét arrester dauátage ma plume, puisqu'elle a plustost pour visee de represéter des actiós tragiques que des paroles affetees. Voyla nostre Philippin bien veu & bien receu, comme son merite & sa qualité y obligeoient ses vassaux, dont il desiroit l'alliance: mais tous ces gens content, comme l'on dict, sans leur hoste: car Timoleon s'apperceuant clairement à la longue que cette affection prenoit vn trop grand pied dans le cœur de son fils, luy ayant vne fois remonstré qu'il feroit mieux de hanter ses égaux que d'estre continuellement auec ses inferieurs, & que ses trop frequentes allees & venuës à Vaupré ne luy estoient pas agreables, c'estoit plustost irriter la passion de son fils que l'arracher de son esprit; car au lieu que la facilité la rendoit plus languide, la difficulté la rendit plus aiguë & plus pressante. Tout ainsi que le feu des forges se rend plus cuisant & plus fort par les aspersions dont on le rengrege, plustost que de l'esteindre: Ce pere estoit si seuere & si terrible, que la moindre de ses paroles estoit vn esclair qui faisoit trembler ce ieune fils. Il est donc bien plus reserué en sa poursuitte: mais comme le feu resserré dans vne fournaise est beaucoup plus chaud que quand il est libre & à l'air, ainsi est il de la passion de ce ieune cœur; les lettres qui rendent les absens presens ne sont pas espargnees, & Isabelle ayant permission de ses parens d'entendre à cette recherche n'est pas chiche de respóces. Et tout de mesme qu'en ces nations voysines de la France où les femmes sont en des prisons continuelles & en vne seruitude si dure qu'elle est inconceuable, les moindres actions seruent de prise à ceux qui les recherchent; il en est de mesmes icy, car aux visites dérobees par mille artifices que l'affection suggere, les protestations de fidelité estoiét si fortes & vehementes, que Philippin protestant ne pouuoir iamais estre à d'autre qu'à Isabelle, cette fille de sa part asseuroit ce Seigneur de ne se rendre iamais susceptible d'autre bienueillance que de la sienne. Or ces veuës quoy que cachees à Timoleon, estoient neantmoins tousiours esclairees de la presence de la Mere, du Pere ou du Frere, qui veilloient incessamment sur ceste fille, comme les fourmis des Troglodites sur les minieres d'or: de maniere que iamais l'honneur ne receut aucun detriment, non pas seulement en pensee. Timoleon qui a des espies qui surueillent les deportemens de son fils, a quelque vent de ces secrettes visites, ce qui le faict releuer son ton, & tancer plus aigrement son fils de sa desobeyssance, auec des menaces qui estonnerent ce ieune cœur, mais qui pourtāt n'esbranlerent pas son Amour; lequel au contraire, semblable aux rubis d'Æthiopie qui redoublent l'esclat de leur feu estant mis dans le vinaigre, se rengregea par ces defences pleines

d'aigreur

d'aigreur & d'aspreté. Et ce qui le toucha plus viuement & plus cruellement, ce fut le commâdement que fit Timoleon à Herman frere d'Isabelle de laisser la côuersation de son fils, car Philippin en l'absence de la Sœur se plaisoit si fort en la presence du frere, qu'il ne pouuoit estre sans luy, de sorte qu'il l'auoit pris auprés de soy: ce fut vn espece d'affront qui affligea Herman, & qui offença Pyrrhe, lequel quoy que moindre Gentilhomme auoit vn courage tel qu'il n'eust souffert de son Seigneur feodal, non pas d'vn Prince la moindre parole ou action qui eust peu non pas blesser, mais seulement toucher son honneur; de sorte qu'animé d'vne espece de végeance, apres auoir fait retentir ses plaintes au voysinage contre Timoleon, il pensa de defendre de mesmes l'abbord de sa maison à Philippin, ce qui estoit traitter du paîr

D

auec son Superieur. Voila Herman, Philippin & Isabelle en toutes les agonies du mode. Timoleon done à son fils vn hôme qui a charge de prendre garde à ce qu'il fait, auec charge de ne l'abandonner d'vn seul pas, luy laissant au reste toute l'honneste liberté qu'il eust peu desirer. Isabelle d'autre costé est resserree estroitemét par sa Mere, ne sort plus de sa maison, c'est vne geolle impenetrable, Philippin n'y a plus d'accez: Timoleon se rit de la defence de Pyrrhe, estant le plus grand seruice qu'il eust peu luy faire: il n'y a que les seuls caracteres de la plume à qui l'on donne le nom de certains oyseaux, parce-qu'ils volent & penetrent partout; par ce moyé ils exhalét leurs doleances, & cette Danaë se plaignant de la rigueur d'Acrise fait souhaitter à celuy qui la recherche l'inuention de Iupin: mais nonobstant tout cela ce feu actif & subtil qui comme celuy de la foudre perce & penetre toutes sortes d'obstacles, malgré les gardes de part & d'autre leur ouure le moyen de se voir & de se parler. L'extreme amitié qui estoit entre Philippin & Herman, laquelle auoit quelque ressemblance auec celle de Dauid & de Ionathas, en fit naistre la commodité; ils se voyent à la chasse, & comme Philippin se plaignoit à celuy qu'il cherissoit cóme si desia il eust esté son beau-frere, des extremes rigueurs de Timoleon & de Pyrrhe, malgré lesquelles rien ne le pouuoit diuertir du dessein qu'il auoit d'espouser sa sœur; Herman ayant pitié de ce ieune cœur qu'il voyoit en des douleurs indicibles, & d'autre-part pressé des aduantages qu'il se promettoit de cette alliance, luy conseillant la patience le remettoit au changement du temps pour la guerison de ses playes, & excusant son pere qui ne luy auoit pas interdit sa maison pour hayne qu'il eust contre luy, dont il aymoit la personne & honoroit la recherche, mais pour tesmoigner à Timoleon qu'il ne falloit pas offencer vn Gentilhomme legerement, quoy que vassal: tout cela ne guerit pas la playe de Philippin, qui ne pouuant admettre ce long ingredient du temps dans l'impatience de son desplaisir, proteste de perir de langueur s'il n'a le moyen de rendre à celle qui le possede les asseurez tesmoignages de sa fidelité par vne promesse ou verbale ou escritte, qui l'attache en sorte à elle que iamais il ne s'en puisse desgager, despitát apres toutes les rigueurs de leurs communs parens, & se soufmettant à toutes sortes de supplices plustost que d'en desmordre vn seul poinct. Iusques où va l'excés de la pasfion en vne ieuneffe inconfideree. Herman qui defiroit paſſionnément cette alliance pour fon auancement propre, fut ayſé à perſuader de chercher la commodité de cette veuë, cómodité qui luy fut ayſée à treuuer, ſa Sœur n'eſtant point autrement gardee que de l'enceinte des murailles de Vaupré. Il reuoit Philippin, & apres en auoir conferé auec ſa Sœur & pourueu qu'il s'eſchappe durant vne nuict, il luy promet de le faire parler à Iſabelle par vne feneſtre de ſa maiſon, pourueu que ce fuſt en ſa preſence; ce que Philippin qui en cela n'auoit aucun deſſein mauuais, luy accorda tres-volontiers. On dreſſe vne enceinte pour aller au ſanglier, Herman s'y treuue à la ſuitte d'vn Seigneur voyſin qui y auoit eſté conuié par Timoleon & par Philippin: on plante des tireurs en diuers lieux où l'on croyoit que l'horrible beſte

D iij

deuſt paſſer : le mot eſt donné entre
Herman & Philippin pour s'eſcarter,
on les croit ſur diuerſes briſees, la chaſ-
ſe finit ſans que la proye done dãs les
toiles: quand on eſt de retour Philippin ne ſe treuue pas, on le tient eſgaré
dãs les bois, mais le ruſé vieillard qui
ſe doubte de la cauſe de ſon incartade
s'eſtant courroucé contre Scipion,
vn vieux Gentilhomme auquel il
auoit commandé de ne le perdre
point de veuë, luy commande d'aller
roder toute la nuict autour de Vaupré pour ſçauoir s'il n'y eſt point allé;
car s'il s'eſt égaré dans la foreſt, c'eſt
vn accident qui arriue tous les iours
aux chaſſeurs; mais s'il eſt en ce lieu
qu'il luy a defendu, il luy appreſte vne
rude reprimande. Il ne fut que trop
bon deuin, car Scipion ne manqua
pas de faire la rencontre preueuë,
arriuant auprés de Vaupré iuſtement
ſur le milieu de la nuict où le hanniſ-

sement d'vn cheual luy fit entendre qu'il y auoit des sentinelles qui gardoient le dehors. Il laissa le sien attaché à vn arbre assez esloigné,& se glissant doucement derriere des hayes il eut le passetemps d'entendre tout le pourparlé de ces ieunes gens, qui se coupoient la gorge de leur propre glaiue; mais ce qui le fascha le plus ce fut d'entendre les promesses verbales du Mariage qu'ils se firent entre les mains, & en la presence d'Herman, prenant Dieu & les astres pour tesmoins de leur resolution, adioustans à cela que par les mains de ce mesme frere ils receuroient des promesses reciproques par escrit, afin que le reproche d'infidelité en demeurast à iamais sur le front de celuy qui y contreuiendroit pour quelque sujet que ce fust, protestans solemnellement que ny la violence de leurs parens, ny aucune autre puissance humaine pourroit rompre ce nœud qu'ils maintiendroient inuiolable iufqu'à la mort: apres quelques bagues données & receues pour figne de cette alliance, ils fe feparerent auec autant de ioye de ce qu'ils auoient promis & iuré, que de regret de rompre vne fi douce compagnie. Cent fois Scipion fut fur le poinct de paroiftre pour brifer tout ce mefnage qui luy defplaifoit infiniment; mais de peur de mettre ce ieune Seigneur au defefpoir il n'ofa, car fans doute f'il euft fceu fon fecret defcouuert fon Amour l'euft allumé d'vne telle cholere qu'il euft tué fur le champ cet efpion, lequel aymant mieux fe feruir de la peau du renard que de celle du lyon, eftima que la prudence pourroit treuuer des routes plus ayfées que celles de la force pour remedier à ces ieunes folies, folies certes pour la maniere clandeftine, de conduire vne affaire qui n'auoit rien d'illegitime ny de deshonorable en ses affections, tout le mal n'estant qu'en l'inegalité des facultez des parties. Timoleon est auerty par Scipion de tout ce negoce, qui en entre en vne telle fureur (comme il estoit haut à la main) que peu s'en fallut que sans dire autre chose à son fils il ne le mist dans vn cachot pour vn long temps. Desia il minute de le traitter auec vne rigueur si seuere, qu'il le fera repentir de sa ieune inconsideration. Il sçait bien que ces promesses clandestines sont nulles par toutes les loix diuines & humaines, aussi s'en mocque-t'il, se promettāt de les casser comme des chaisnes de verre, mais il veut apprendre à son galand à ne faire plus de ces tours de soupplesse. Il reuient le lendemain à Belleriue, feignant de s'estre esgaré dans les boys, & d'auoir esté toute la nuict à cheual (& en cela il ne mentoit point) le ruzé Timoleon retint son courroux à l'abbord, afin de rendre sa correction plus efficace estant faitte de sang froid; & d'autre part meditant des inuentions pour surprendre ces promesses escrittes qui deuoiét estre remises entre les mains d'Herman, dont Scipion l'auoit aduerty, il fit corrompre par argent tous les lacquais de son fils, afin de descouurir cette pratique: mais c'en estoit desia fait; car dés la pointe du iour Herman estant sorty de Vaupré, & ayant apporté à Philippin celle de sa sœur, il receut celle de Philippin qu'il vouloit signer de son sang propre (ferueur ordinaire de ieunes gens en de pareilles occasions) si Herman ne l'en eust empesché. Ce fut donc en vain que Timoleon essaya de surprendre ce qui estoit desia pris: mais apprenant par la trahison d'vn lacquais qu'ordinairement Philippin & Herman se voyoient en divers lieux auec des artifices si subtils que les yeux de Scipion y estoient tousiours trompez ; ce fut lors que Timoleon perdant toute patience, prenant son fils à part, apres auoir esblouy sa veuë des esclairs de ses yeux courroucez, luy fit entendre le tonnerre de tant de menaces s'il ne quittoit la conuersation d'Herman & la folle affection qu'il auoit pour cette fille disproportionee à sa qualité, que ce ieune courage en pensa pasmer d'effroy ; car cherchant des excuses les mieux colorees qu'il pouuoit, il se treuua tellement surpris, que plus il s'essayoit de se couurir, plus il trahissoit sa passió; & plus il parloit, moins il se faisoit entendre. Timoleon iugeant par les changemens de son visage & l'alteration de ses propos begayans la confusion de son esprit & l'apprehension de son ame, redoubla cette perplexité par le recit des particularitez de ses entreueuës auec Herman ; ce qui luy fit cognoistre que necessairement il estoit trahy. Mais quand il enfonça ce discours par la descouuerte de son pourparlé auec Isabelle en la presence d'Herman auprés des murailles de Vaupré la nuict de son escapade, auec les mesmes mots de ses promesses verbales, & comme celles qui se feroient par escrit seroient remises entre les mains du pretendu beau-frere; cela l'effraya de telle sorte, que pensant que ce fust son pere mesme qui eust entendu toute cette Comedie, se iettant à ses pieds il luy demanda mille pardons, le suppliant de donner cela à l'excez de cette passion qui peut bien porter la ieunesse à ces extrauagances, puisqu'elle fait commettre tant de folies aux plus vieux & aux plus sensez quãd ils en sont atteints. Timoleon attendry de ces fousmiffions, & croyant auoir appliqué le fer & le feu à cet vlcere, de telle forte qu'il est guery, luy promet d'oublier le passé pourueu qu'il se comporte à l'auenir auec tant d'obeissance à ses commandemens & de discretion en ses actions, qu'il ait occasion de croire que cette fleche soit hors de son flanc & cette vaine affection hors de son cœur. Mais comme la ieunesse est vne cire molle qui reçoit toutes sortes d'impressions & n'en conserue pas vne, ainsi Philippin promet tout ce qu'on veut, resolu de ne tenir rien de ce que l'apprehension luy fait dire, son Amour estant beaucoup plus forte que sa crainte. Quand il fut retiré de deuant les yeux de son pere, comme vn criminel qui reuient du Tribunal de son Iuge, ce fut lors que blasmant en soy-mesme la lascheté de son courage, il se dit mille outrages, accusant sa timidité, & protestant de nouuelles loyautez à cette Idole qui nageoit en sa fantaisie: il irrite son mal & il enuenime sa playe par cette contrainte, desauoüant tout ce qu'il auoit dit au preiudice de ses promesses. Il renouuelle ses menées & ses pratiques secrettes auec Herman: mais estant vendu par celuy de ses lacquais auquel il se fioit le plus, lequel pour comble de sa trahison remit plusieurs de ses lettres & de celles d'Isabelle entre les mains de Timoleon, par lesquelles il apprit que les promesses reciprocques estoient baillees; ce pere entra en la plus grande cholere qu'il eust iamais euë, tantost minutant de ruiner Pyrrhe & toute sa maison, tantost de mal-traitter son fils, tantost de publier la honte d'Isabelle : & à quelles extremitez est-ce que son courroux le transportoit: vne seconde fois il r'appelle son fils, & apres luy auoir dit tous les outrages imaginables, estimant sa recheute pire que sa premiere faute, ce ieune lyon rendu courageux par la vergoigne de sa fuitte precedente, comme celuy qui disoit iadis, si i'ay fuy à la premiere rencontre, i'en combattray d'autant plus determinément à la seconde; laissant à part les inuectiues de son pere que son deuoir à ce qu'il dit l'oblige d'endurer, & apres les sainctes protestations qu'il luy fit de l'honneur & de la reuerence qu'il luy vouloit rendre: il luy dict hardiment, & d'vn ton plus haut que ne le pouuoit supporter la hautaineté de Timoleon, qu'il perdroit plustost mille vies que de démordre vn seul poinct de son Amour, que son honneur y estoit engagé par parole & par escrit, que son ame n'estoit plus susceptible d'autre impression que de celle d'Ifabelle, laquelle eftant Gentifille & d'extraction telle qu'on ne pouuoit reprocher à fa Nobleffe autre defaut que celuy des biens de fortune, il auoit eftimé deuoir pluftoft faire choix d'vne femme qui euft abondáce de vertus & de perfections, & difette de richeffes, que des richeffes ioinctes à vne femme qui n'euft rien de moins agreable qu'elle-mefme ; qu'en cette affection il auoit pluftoft efté conduict par la raifon que par la paffion, l'honneur & le mariage ayant toufiours efté le but de fes preténfions : que s'il y auoit quelque chofe à reprendre en ce deffein, c'eftoit pluftoft fa conduitte qu'aucun déportement melloüable en Ifabelle, en Herman, & en luy; qu'il ne fe déporteroit iamais de leur amitié pour quelque violence qu'on luy fceuft faire, fe refoluant à fouffrir toutes les indignitez & toutes les

cruautez

truauerez que l'on voudroit exercer contre luy, comme autant de flammes où sa fidelité seroit espurée & espreuuée. Et viue Dieu, reprit Timoleon, nous verrons qui aura meilleure teste de vous ou de moy, comment petit galand, à peine estes-vous nay, & vous voulez desia faire des vostres, ha! ie vous rendray souple comme vn gand; car ie suis resolu de vous faire plier à mes volontez, & de rompre les vostres, m'en deust-il couster tout mon bien & ma vie & à vous aussi; ie vous apprendray ce qui est de l'auctorité paternelle & de l'obeissance filiale. Il dit, & se tournant ailleurs il commanda que l'on mist Philippin dans vne chambre treillissée qui luy seruist de prison, afin d'apprendre, dict-il, à ce ieune oyseau à chanter vn autre ramage. Philippin y va ioyeusement content de rendre tesmoignage de sa fermeté & de la constance de ses flammes. Mais ce qui le mit en vne extreme agonie, ce fut de sçauoir que son pere ayant rauagé sa chambre & foüillé dans ses plus secrettes liettes où estoient ses plus douces liesses, parmy des liasses ou plustost des milliasses de lettres, s'estoit saisi de la promesse d'Isabelle dôt il faisoit vn trophee de mocquerie, en voulant faire vn sacrifice au feu & à sa cholere: car alors comme transporté que ne dict il contre son pere, contre sa mauuaise fortune, & contre le Ciel? certes il dict des choses qui ne se doiuent pas redire, mais qui se doiuent rigoureusement blasmer; neantmoins se consolant sur la parole de cette fille, qu'il estimoit autant que tous les escrits du monde, il se resoult au remede commun de tous les maux, la Patience. Ce n'est pas que l'ennuy d'vne prison ne fust extremement

sensible à cet esprit remuant, actif &
tempestatif, encores en cette extreme
ieunesse qui n'est que feu & viuacité,
ennuy redoublé par la priuation des
nouuelles qui seruoient au moins en
sa côttainte liberté d'aliment à sa flâ-
me: auparauant il esperoit tout & ne
craignoit rien, maintenant il craint
tout & n'a aucun espoir qu'en la fidelité du Frere & de la Sœur ; il apprehende que ces escrits venans à la cognoissance de Pirrhe & de Valentine
ils ne prennent occasion d'en mal-
traitter leurs enfans : il est agité de
tant de diuerses pensees, que dans le
repos de cette prison il pese estre enuironné de mille espines. Tous ceux
qui l'abordent luy sont suspects, &
il a raison, car ce sont autant d'espies
dressees de la main de Timoleon, il n'a
pas de quoy les corrompre, ce metal
qui change les courages luy defaut,
& ces seruiteurs que le pere oblige

E ij

par ses bien-faits n'ont garde de se rendre à la pitié que leur fait ce ieune Seigneur; ils le pensent entretenir, mais voyant aux vns la pitié morte, aux autres point d'affection, il les rejette tous pour s'entretenir à part dans ses sombres pensees; la seule recreation qui l'accompagne, & qui au lieu de le diuertir nourrit son desplaisir, c'est la Musique, laquelle a cela de propre de rendre les ioyeux encores plus allegres, & les tristes plus melancholiques; il touche mediocrement vn luth, & chante assez bien pour vn ieune Cheualier, plus addonné aux exercices violens qu'en ces doux & paisibles: vn iour pour exhaler la douleur qui le pressoit il euapora son sentiment par ces paroles.

L'ennuy que depuis le moment
De mon dur emprisonnement
Mon ame constamment supporte,
Au monde n'a rien de pareil,

Toute ioye en mon cœur est morte,
Et mes iours n'ont plus de Soleil.
 Ie suis à telle extremité
De peine & de calamité,
Que la rigueur mesme i'oblige
A me donner du reconfort,
Et du moindre mal qui m'afflige
Ie n'attends rien mieux que la mort.

 Le desespoir me faict la loy,
La raison ne peut rien sur moy,
Et si ma rage estoit suiuie
En ses mouuemens inhumains,
Dans le sang mesme de ma vie
On me verroit tremper mes mains.

 Mais non, i'aurois beaucoup de tort
De me porter à cét effort,
Ma gloire en seroit offencée,
Mon souuenir me tuë assez
Offrant sans fin à ma pensée
L'image de mes biens passez.

 O Cieux qui disposez de tout,
Ne verray-ie iamais le bout
Des ennuis qui me font la guerre?

Quoy toufiours voftre inimitié
Veut elle qu'aux yeux de la Terre
Je fois vn obiect de pitié?

Viuray-ie toufiours langoureux
Auec vn fort fi malheureux,
Que mes efpines foient fans rofes?
Mes nuicts feront elles fans iour?
Non, non, comme les autres chofes
Les felicitez ont leur tour.

Le ciel laffé de mon malheur
Et des plaintes de ma douleur,
Sa douce faueur importune
Me donnera tant de plaifirs,
Qu'enfin ie verray ma fortune
Au deffus de tous mes defirs.

Ainfi fe confoloit le mieux qu'il luy eftoit poffible l'emprifonné Philippin : mais à la fin ne pouuant plus fupporter cette vie enfermée & melancholique, & n'ayant aucune perfonne dans le fein de laquelle il peuft auec confiance depofer fes fentimens, cedant à la vehemence de fes desirs, il fut contraint de se rendre à la mercy d'vne maladie qui luy fit mettre vn pied dans la barque de l'impitoyable Parque, & n'eust esté son aage, sa bonne temperature, sa vigoureuse disposition, auec l'assistance des Medecins & des remedes, il estoit sur le poinct de perdre la vie: & ce qui affligeoit dauantage le triste pere qui se voyoit mourir en cet vnique enfant, c'estoit le regret de se sçauoir la cause d'vn effect si deplorable: cent fois il se repentit de ses rigueurs, cent fois pour luy donner du courage il luy promit (mais d'vne parole fort esloignee des intentions de son cœur) de luy donner Isabelle pour espouse, & à ce seul nom ce pauure mourant sembloit reprendre vne nouuelle vie; tant a de force l'Empire de l'Amour dans les plus violentes atteintes de la mort : son ame reuigoree de cette foible esperance commence à r'animer son corps, & peu à peu reuiennent les apparences de la vie. Ce fut neantmoins auec tant de longueur qu'il se retira de cet abysme, que plus languissant que viuant on ne sçauoit que faire pour le remettre. Timoleon qui a diuerses maisons le promene de l'vne en l'autre pour essayer si le changement d'air luy pourra redonner la santé; mais elle vient à pas de plomb, bien que la maladie fust venuë en poste: certes il est aysé de descendre, dict ce Poëte, mais malaysé de remonter. Plus on l'escartoit de Belleriue, pis c'estoit, car il estoit esloigné de Vaupré, où estoit le seul remede de ses longueurs & le seul air qui le pouuoit remettre.

FIN DV PREMIER LIVRE.

ELISE
LIVRE SECOND.

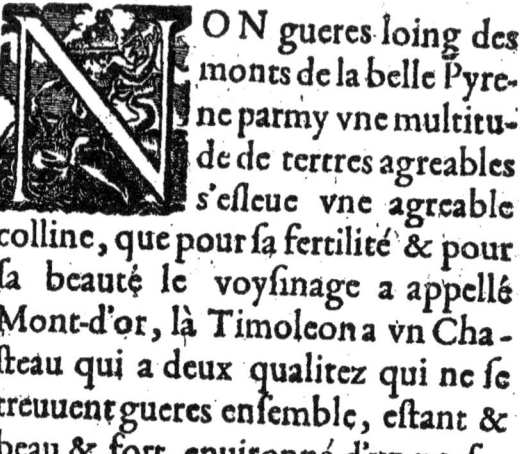ON gueres loing des monts de la belle Pyrene parmy vne multitude de tertres agreables s'esleue vne agreable colline, que pour sa fertilité & pour sa beauté le voysinage a appellé Mont-d'or, là Timoleon a vn Chasteau qui a deux qualitez qui ne se treuuent gueres ensemble, estant & beau & fort, enuironné d'vn paysage excellent, & accompagné de toutes les delices qui se peuuent desirer en vne maison champestre; il y faict porter Philippin, & y va quant & ce fils; mais paroe qu'on le separoit du

centre de ses affections, toutes les douceurs de cette aymable contrée luy furent des amertumes: on est contrainct de le r'amener à Belleriue, où comme il commençoit peu à peu à se fortifier, aydé de l'espoir d'estre moins trauersé en sa recherche, en fin Timoleon luy ayāt fait dire par Scipion qu'il n'y pensast plus, & que ce n'auoit esté que pour tromper son mal qu'il luy en auoit faict les promesses, il retomba tout à coup en vne si forte frenaisie, qu'au lieu que la premiere maladie n'auoit pensé perdre que sa vie, cette seconde luy pensa enleuer l'esprit: car ce trouble luy fit produire des actions si desreiglées, & former des paroles si extrauagantes, que l'on n'entendit iamais parler d'vne telle resuerie. Voila Timoleon plus affligé que iamais, & les Medecins bien empeschez à cognoistre les ressorts du corps, ne voyent rien en ceux de l'esprit, sinon par quelques conjectures tirees de la sympathie de ces deux principales pieces qui composent nostre estre. Ils s'imaginent qu'ayant esté nourry à Paris & à la Cour, l'air des champs luy est moins naturel que celuy des villes, que c'est la solitude qui luy donne de la melancholie, & que la tristesse luy cause ces extrauagances d'esprit. Timoleon se persuade cela mesme, & se resoult de le mener en lieu où la frequence des Compagnies luy puisse apporter du diuertissemẽt. Belleriue n'est qu'à vne bonne iournee d'vne des principales citez de la France, où il peut aller sans passer les bornes de son exil, qui n'est precisément limité qu'à sa Prouince. Là les Medecins sont plus frequens, les remedes plus en main, & les Consolateurs spirituels en plus grand nombre. Son rang & sa qualité signalee dans le pays rendent sa maison vn abbord de plusieurs personnes de marque, le temps qui est le grand Medecin des afflictions de l'esprit ayant dissipé les nuages qui offusquoient la raison de Philippin le rend plus susceptible de consolation qu'il n'estoit auparauant, ce sejour de la ville ressentât mieux & l'air & la vie de la Cour; son premier element luy donne quelques clairs interuales de douleur, le voila tout à faict remis en son bon sens, & en sa parfaite santé, tousiours neantmoins son cœur se retourne vers Vaupré, comme l'aymant du costé de son Nort; tant de compagnies qui le visitoient tous les iours tant pour le respect de son pere que pour la suauité de sa propre conuersation, ne pouuoient tout à faict guerir sa playe, rien ne luy plaist tant que de se desrober quelquefois pour entretenir seul en sa pésée cét object qu'il ne peut voir que des yeux de l'esprit; autant de gens qui le seruent ce sont autant de gardes: de maniere qu'il pouuoit dire auec verité ce mot du sacré texte, autant de domestiques autāt d'ennemis. Timoleon qui voit que c'est vn feu couuert de cédre, non pas esteint, pressé en partie du desir de diuertir son fils de cette affectiō si preiudiciable à la grandeur de sa maison & à sa fortune, en partie de celuy de le voir marié, puis qu'aussi bien y falloit-il venir, tantost consulte s'il le doit enuoyer en Italie ou le faire voyager en Espagne, ou l'occuper en cette ville autour des exercices ordinaires de la Noblesse: ses amis ne luy conseillent pas au sortir de ces grandes maladies de l'enuoyer en des pays estranges, c'est vn fils vnique, la lumiere des yeux du pere, le baston & l'appuy de son aage auancé, ce changement de contree ne changera pas tant son affection comme fera le mariage; chacun conclut qu'il le marie, que c'est vn lien qui le mettra en paix, qui luy apportera du soulagement, qui asseurera sa maison, & qui assoupira tout à faict en son esprit ces passions ieunes & folastres. Timoleon prend ce party, porté mesmes à cela par ses necessitez domestiques, car le long sejour qu'il auoit faict à la Cour, où il auoit soustenu d'extremes despences, l'auoit mis en arriere, endebté grandement, & contrainct d'engager de belles pieces de sa maison, vn bon doüaire nettoyera tout cela. Cette deliberation ouuerte l'on ne met pas beaucoup de temps à treuuer party, car il estoit d'vne race si illustre que le plus riche de cette grande ville eust tenu à beaucoup de gloire de loger sa fille en si haut lignage. Vn des principaux Magistrats d'vne Compagnie souueraine, opulent à merueille, n'a que deux filles, dont l'aifnee, que nous appellerons Leonor, eſt mariee à vn des Officiers de ce meſme Corps, la ſeconde nous la nommerons Eliſe pour deux raiſons, & parce que veritablement elle portoit le nom de cette fameuſe couſine que viſita la Mere du Sauueur durant qu'elle eſtoit groſſe du Precurſeur du Meſſie, & parce qu'il me ſemble qu'elle a eu en ſon innocence coulpable quelque choſe de conforme à cette Eliſe Royne des Cartaginois, que le Prince des Poëtes Romains, ce doux & agreable menteur, a voulu taxer d'vne faute auec Enee, dont elle eſt vengee par tous ceux qui ont eſcrit l'hiſtoire veritable de ſes chaſtes deportemens. Cette cadette eſtoit encores fille, mediocrement partagee de la Nature, pour le regard de la Beauté, de cette forme neantmoins que les plus iudicieux eſtiment estre meilleure pour femme que pour maistresse, mais d'autre part elle auoit tant de vertus, & ce qui est beaucoup plus estimé de plusieurs, tant de Richesses, que cette abondance d'or eust peu faire treuuer belle la mesme laideur. Timoleon regarde cette fille pour son fils, & comme celuy qui auoit plus d'attention à ses biens qu'à son visage, treuue que ce grád doüaire qu'on luy promet esclaircira ses affaires, & desgagera sa maison. On en parle à Sceuole (ainsi nommerons nous ce Magistrat pere de cette fille) qui ouure aussi-tost les yeux sur cette illustre alliance, & promet d'y mettre tout son reste & de faire Elise son heritiere vniuerselle, pourueu qu'elle s'accomplisse: demander & obtenir c'est tout vn; la fille est vn peu plus aagee que le garçon, mais il n'importe, c'est de peu; Timoleon ne se soucie pas de tout cela, il aura des escus

en

en quantité, au demeurāt vn Officier qui fouſtiendra & balayera toutes les affaires de ſa maiſon: il cōclut & arreſte le tout auec Sceuole, lequel ne doute aucunement de l'obeiſſance de ſa fille, mais Timoleon ſe deffie bien fort de celle de ſon fils: neātmoins il ſe reſout d'emploïer la force où l'amitié ne pourra auoir lieu. Vn iour l'ayant fait appeller il le harāgua longuemēt auec toute la douceur qu'il put emprunter de l'arrogance naturelle de ſon eſprit, luy faict voir les debtes & les neceſſitez de ſa maiſon, dont la decadence & la ruine eſt viſible ſi elle n'eſt reſtauree par quelque riche party, luy conſeille de penſer ſerieuſement à cela, d'oublier les folles & nuiſibles penſees pour cette Iſabelle, qui auoit penſé perdre & ſa vie & ſa raiſon, & de ietter les yeux ſur quelque fille de la cité, ſans s'amuſer apres cette Contadine. Ne vous ſemble-t'il pas que c'est Mannué pere de Sanson qui le veut destourner du mariage de Dalila? Le fils se sentant traitter doucement par vne main dont il n'auoit iamais experimenté que des rudesses, se sentit toucher aux lieux les plus tendres de ses affections; neantmoins comme il est mal-aysé qu'vn vaisseau neuf perde le goust & la teinture de la premiere liqueur dont il a esté imbu, il eut bien de la peine à se resoudre à respondre à son pere selon son desir; mais ne voulant pas aussi le mettre aux champs mal à propos, il estima qu'il estoit meilleur de biaiser le gouuernail de sa langue pour ne s'opposer point de droict front aux flots de son courroux: il recogneut ingenuement les necessitez de sa maison, estimant neantmoins qu'elles ne fussent pas telles que son pere ne les peust reparer par vn bon mesnage: mais quand son pere le pressa de chercher vn party dans la ville, apres s'estre excusé sur son aage trop tédre pour penser encores à cela, Timoleon l'ayāt arresté sur la promesse qu'il ne deuoit dōc pas faire à Isabelle. Ie croy, reprit il, Monsieur, que les mariages dont la pratique s'exerce en la terre se font au Ciel en Theorie, & qu'il est malaysé de resister à l'influéce de cette cause superieure quand elle porte à ce lien; c'est pourquoy il le pria de luy pardonner si ayant receu de Dieu & non de luy la franchise de son arbitre, il luy declaroit que son respect le pourroit bien empescher de se marier, mais que son auctorité ne seroit iamais, comme il pensoit, si tyrannique, de le contraindre à prendre vne fille contre son gré; car ne pouuant estre à deux il estoit impossible qu'il pust iamais estre à d'autre qu'à celle à qui le Ciel & son consentement l'auoient premierement donné. A peine l'impatience de Timoleon luy donnat-elle le loyſir de proferer ces dernieres paroles d'vne liberté mourante, quand ſe remettant ſur les menaces & les inuectiues il ſe retint au milieu de ce torrent autant impetueux qu'impiteux, de peur de remettre ce ieune Seigneur aux extremitez où ſes violentes rigueurs l'auoient auparauant reduict: mais contraignant ſon naturel il ſe ietta ſur la rebellion, la deſobeiſſance, & l'ingratitude des enfans; accompagnee, diſoit-il, de tant d'orgueil & de libertinage, que ſans aucune Prudence, comme ſans experience, ils vouloient faire la loy à leurs peres, & pour leurs ſottes amourettes & fantaiſies particulieres, mettre la deſolation dans les maiſons. A cela la cholere luy fit adiouſter pluſieurs menaces friuolles, comme qu'il ſe remarieroit, qu'il le desheriteroit, qu'il luy donneroit ſa malediction s'il luy arriuoit de se marier auec sa vassale, luy reprochant sa lascheté & sa bassesse de cœur, & disant auec cela mille inuectiues iniustes contre cette fille, à cause qu'elle se mesloit de beaucoup d'exercices qui n'auoient rien de commun auec le quenoüille & le fuseau. A tout cela Philippin ne respondit que par le silence, s'excusant sur sa parole donnee, sa promesse escrite, & l'vn & l'autre baillee & receuë, n'estimant pas pouuoir legitimement deuant Dieu & deuant les hommes prendre vne autre femme qu'Isabelle, sans la tromper. Là dessus Timoleon consulte Sceuole, auquel faisant vne partie de ses desplaisirs & des repugnances de Philippin, Ce fol garçon, luy dit-il, s'estant à la campagne amouraché d'vne fille d'vn Gentilhomme de mes vassaux, amusé par cette affertee, luy a clandestinement promis mariage, cette

F iij

promesse peut-elle obliger? A cela Sceuole ne respondit autre chose sinon, que toutes ces menees clandestines, toutes ces pratiques secrettes, tous ces sermens volages, toutes ces promesses de parole ou d'escrit, se traçoient sur les airs ou sur le courát des eaux. Timoleon ayse comme si Sceuole luy eust donné la vie, va encore consulter des Theologiens qui luy apprennent la mesme doctrine, le dernier Concile Oecumenic declarant nuls tous les Mariages clandestins: il retourne à son fils, duquel il se promet vne victoire asseurée, car luy ayant demandé s'il se soufmettoit à son obeissance s'il luy faisoit voir que ses sermens & ses signatures estoient autant de nullitez, & ce ieune hóme qui les estimoit fort valables luy ayant promis tout honneur & tout respect, il faict faire deuant luy vne cósultation d'Aduocats

& de Theologiens pour luy decider cette difficulté: mais l'autre les estimant apostez, & ne les voulant pas croire, il luy donna la liberté d'aller par toute la ville faire son enqueste luy-mesme, où ayant treuué par tout de la conformité, s'il fut bien esbahy de se voir pris par le bec au preiudice de ses affections, il ne faut pas le mettre en doute. Cependant plus il pense estriuer contre le mords, & regimber contre l'esperon, plus il empire son marché, plus il s'enfonce dans le tort, chacun le blasme d'acariastrise; & en releuant l'auctorité paternelle de Timoleon, qui ne veille que sur son bien, on le reprend de rebellion & de desobeissance; il a le Ciel & la Terre contre soy, lapidé des raisons de tous ceux qui ne sentent pas les poinctes de son Amour. Vn iour se voyant conuaincu par les propositions de son pere, qui comme vn fin duelliste le pressoit à outrance, apres luy auoir mis tout le Soleil en la face, & renuersé tout le tort sur son front. Monsieur, luy dict-il, qui cherche de la raison en l'Amour demande des eaux douces en la mer, des oyseaux dans les fleuues, & des poissons en l'air, car la raison de l'Amour c'est l'Amour mesme, dont l'Empire est si fort, qu'il tient bon en nous contre nous mesme, nous faisant faire ce que nous ne voudrions pas, & nous faisant vouloir ce que nous ne deuons pas. Il est vray que ces promesses de parole & d'escrit sont nulles de droict, mais non pas de faict, car l'vne & l'autre sont en estre ; celle que i'auois de la main d'Isabelle est en vostre puissance, mais celle que i'ay escrite & signee est entre ses mains, ie ne sçaurois me resoudre à ce honteux desdit tant que ces pieces seront entieres, car elles me feruiroient d'vn reproche eternel d'infidelité, qui me couuriroit le visage de honte. A cela ne tienne, respondit Timoleon, que vous ne vous rangiez à vostre deuoir; car vueille Pyrrhe ou non, il me sera facile de les faire casser, & de les rendre nulles. Il dépesche Scipion à Vaupré auec la promesse d'Isabelle pour la remettre entre les mains de son Pere, en retirant celle de son fils. Qui fut bien estonné ce fut Pyrrhe d'entendre ces nouuelles de la bouche de Scipion, qui portoit de la part de Timoleon des lettres de creance; car comme tout ce mesnage s'estoit pratiqué sans son sceu, il trouua fort mauuais que sa fille se fust émancipee iusqueslà, redoutant quelque chose de plus sinistre. Mais quand il sceut par le mesme Scipion, tesmoin oculaire de cette entreueuë nocturne, que tout ce pourpalé s'estoit fait selon les loix

de l'honneur en la presence d'Herman, qui auoit receu leurs promesses
verbales & porté de part & d'autre les
escrites, il eust eu raison de dire cela
mesme que la dépitee Iunon dit contre la Deesse de Cypre, chez le plus
grand des Poëtes.

Vrayment vous acquerrez vne belle vi-
ctoire,
Et d'vn riche triõphe ornerez vostre histoire,
Toy Venus & ton fils, & vos noms con-
iurez
Seront à l'aduenir à bon droict reuerez.
Si de deux puissans Dieux la fraude, & la
surprise
Trompe vne simple femme aux ruses non
apprise.

Car comment eust peu la pauure Isabelle ne se rendre pas aux persuasions
d'vn frere, luy proposant la grandeur d'vn mariage duquel il disoit
dépendre tout le bon-heur de leur
maison, pressee outre cela des ardan-

tes affections de Philippin, qui en sa personne ne manquoit pas de graces pour meriter de la bienueillance. Or Pyrrhe quoy que pauure des biens de fortune estoit tellement riche d'honneur, qu'il n'eust voulu par aucune voye moins legitime paruenir à vne meilleure fortune: ayant donc promis à Scipion de luy donner tout contentement & de faire tous ses efforts pour luy remettre la promesse de Philippin, ayant fait venir à part son fils & sa fille en la presence de leur mere, il les tança aigrement de leur procedé; & comme il leur eut descouuert de poinct en poinct, selon qu'il auoit appris de Scipion (quoy que sans le nommer) de cette entreueuë nocturne, de leurs deuis, de leurs paroles, & de leurs promesses par escrit; on ne vit iamais rien de si estonné qu'Herman & Isabelle; celle-cy se iette aux pieds de son pere & luy demande pardon, s'excusant sur la permission qu'elle auoit euë d'aggréer la recherche de Philippin; mais Herman plus courageux prenant toute la faute sur soy prie son pere d'excuser l'innocence de sa Sœur, de laquelle il pensoit procurer l'auantage, rien ne s'estant passé en toutes ces affections qui peust alterer la reputation de leur famille. Mais où est cette promesse de Philippin, dict Pyrrhe? alors Isabelle, qui la portoit ordinairement dans son sein, la remit franchement entre les mains de son pere pour en disposer à sa volonté. Ils consultent s'ils la remettront à Scipion en retirant celle qu'il apportoit, ou si Pyrrhe ira luy mesme la rendre à Timoleon; mais ils treuuent des inconueniens à l'vne & à l'autre de ces propositions, bien que plus asseurees que celle à laquelle ils se resolurent, car à la premiere il y auoit plus de generosité & plus de franchise, à la seconde plus de seureté & quelque apparence de reconciliation entre le Seigneur & le Vassal, dont les volontez estoient fort alterees: mais aussi de se fier à Scipion en vne affaire de telle importance, sur vn simple rescrit; que Pyrrhe aussi allast parler à Timaleon, il y auoit à craindre qu'estans tous deux hauts à la main, & d'vne nation où les testes sont chaudes, ils ne vinssent des paroles à des effects dangereux: Herman est deputé pour retourner auec Scipion porter la promesse de Philippin, & r'apporter celle d'Isabelle. Le frere & la sœur retirez en leur conseil secret minutent bien d'autres procedures, car Herman se resoult de porter la promesse de Philippin pour le sommer de l'effectuer; ce qui n'estoit pas selon l'intention de son pere: voyez en quels labyrinthes s'embarrasse vne jeunesse desobeissante; il part auec Scipion pour aller à la ville, & laisse sa sœur à la mercy d'vne mere qui la tempeste & la tourmente cruellement ; car Valentine treuuant cette action odieuse & deshonorable, la pésa par ses criailleries reduire au desespoir. Mais laissons la entre le marteau & l'enclume, entre les assauts paternels & maternels, affinât la trempe de sa patience, pour sçauoir les belles operations d'Herman, lequel arriué, au lieu de faire l'eschange des promesses, faict sommer Philippin deuant l'Official pour recognoistre sa signature: Philippin receut cet assaut diuersement, car il eust esté bien ayse de ne se desdire point, mais d'autre part cette forme de proceder alteroit vn peu son courage. Quant à Timoleon, il en fut tellement irrité, que s'il eust rencontré Herman il l'eust deschiré en autant de pieces qu'vn furieux lyon feroit vn cheureau. Scipion dict que ce n'est pas-là le cómandement de Pyrrhe, qui estoit de rendre la promesse du fils, & reprendre celle de la fille; Herman s'obstine à ne la rendre pas, desireux de l'auancement de sa sœur, au preiudice des volontez de son pere; la mesintelligence entre Herman & Philippin prouint de ce que Timoleon faisoit veiller son fils de si prés, qu'il leur ostoit tout moyen de communication, mesmes par lettres. Cette signification fut faitte par Herman auec tant de precipitation, que ce fut sans aucune consultation precedente; car ayant mis l'affaire sur le tapis deuant de sages testes, ils luy dirent que c'estoit tenter vn effort temeraire d'entreprendre vne semblable contestation: Sceuole qui en est aduerty asseure Timoleon de faire casser tout cela com-

me vn verre. Herman neantmoins ayant tant faict qu'il emboucha Philippin, par son aduis tint bon en sa poursuitte, ayant receu asseurance qu'en Iugement il ne se retracteroit aucunement, ny de sa parole, ny de son escrit. Durant que cecy se conteste Timoleon fait vne nouuelle despesche à Pyrrhe, luy mandant que le Gentilhomme qu'il luy auoit enuoyé la premiere fois luy auoit rendu tout autre tesmoignage de sa franchise que son fils n'en faisoit paroistre; que s'il estoit homme de parole il deuoit faire cesser les procedures d'Herman, dont le succez ne pourroit tourner qu'à sa confusió; qu'il le prioit de venir luy mesme, ou d'enuoyer vne marque si expresse de sa volóté, que selon cela l'on peust clairement iuger de ses intentions; qu'il l'auroit tousiours pour amy, pourueu qu'il fist en sorte que sa fille
ne

ne pretendiſt rien à l'alliance de ſon fils. A ces nouuelles Pyrrhe entra en vne extreme fougue contre Herman, & montant auſſi toſt à cheual ſe rend à la ville, où il n'eſt pas pluſtoſt arriué qu'Herman pour ne paroiſtre deuant le courroux de ſon pere diſparut: Pyrrhe demandant à voir les pieces du procez en retire la promeſſe de Philippin, & d'vn meſme pas là va porter à Timoleon, la luy remettant entre les mains auec des rodomontades naturelles au pays; le ruſé vieillard les but doucement ſans autre replique, ſinon que Pyrrhe auoit iuſte raiſon d'eſtre en cholere contre Herman ſon fils, qui auoit paſſé ſon commandement, & qu'il auoit raiſon comme Gentilhomme d'honneur de deſappreuuer la procedure de ſa fille, qui vouloit ſeduire Philippin: à ce mot de Séduire Pyrrhe entra en vne nouuelle fougue, qui luy

G

fit dire merueilles; mais Timoleon estoit si aise d'auoir retiré le papier qui le faschoit, qu'il pesoit côme l'on dict tenir le loup par les oreilles: c'est pourquoy laissant escumer les boüillos de la passion de Pyrrhe à son ayse, il se contenta de luy dire froidement qu'il vouloit bien l'auoir pour vassal, & non pas pour compagnon; qu'il sçauoit les moyens de l'humilier en temps & lieu, que pour le present il se contentoit de luy rendre la promesse de sa fille, luy conseillant s'il aymoit l'honneur de sa famille de faire en sorte qu'elle ne fust plus si liberale de ses promesses & de ses escrits; autrement que l'on seroit en peine de luy treuuer vn mary: ces paroles dittes d'vn ton satyrique & mordant outrageoient cruellement nostre Pyrrhe, qui ne respondant que par des brauades se faisoit mocquer de ceux qui l'entendoient; car bien que

Gentilhomme, il estoit neantmoins tellement inferieur à Timoleon, qu'ils n'estoient pas pour mesurer leurs espées ensemble. Les promesses renduës il n'est plus question de playder, Pyrrhe donne vn desaueu de ce que sa fille a faict, Timoleon luy donne le mesme pour son fils, les amis communs se meslent de r'appointer ce Vassal auec son Seigneur, Timoleon qui à son conte n'y faict pas le retif, Pyrrhe qui sçait de quelle importance luy est cette reconciliation s'y laisse librement aller; les paroles de precipitation se donnent à la cholere, ils se separent amis. Voila toutes les chordes rompuës en l'arc de Philippin; que fera-t'il; il ressemble à ces animaux pris aux lacqs, qui se serrent plus ils se debattent, & plus ils s'estreignent plus ils s'estranglent, Pyrrhe s'en reua, qui fait vn tintamarre dans Vaupré contre son fils & contre sa fille, tel que vous le pouuez iuger d'vn glorieux qui a perdu ses pretensions, & qui s'en retourne celuy semble ayant laissé engagé vn petit morceau de son honneur. Timoleon de son costé triomphe, & faict parler à Philippin de la recherche d'Elise; elle estoit si Vertueuse & si Riche, qui sont deux qualitez que le monde & la Raison estiment bien plus que la Beauté, qu'il ne sçauoit par où empoigner de la contradiction; sa ieunesse luy dit que c'est vne Lia qu'on luy veut subroger au lieu de sa belle Rachel ; car certes cette fille n'auoit pas assez de grace pour estre appellee Belle, mais elle en auoit bien assez pour se garantir du tiltre de Laide. Or c'estoit estre Laide au gré de Philippin que de n'estre pas Belle, & puis son ame preoccupee de l'idee d'Isabelle, dont le seul nom respiroit la mesme Beauté, luy eust fait paroiſtre difforme le plus brillant des Aſtres. Que fera-t'il? qui ſe noye ſe prend à tout, dict le prouerbe, fuſt-ce à vne ronce; il fait le conſcientieux, & feignant d'eſtre enfoncé dans les ſcrupules, non content des conſultations de la reſtitution des promeſſes, il veut vn acte de Iuſtice pour ſa iuſtification; Timoleon le demande à Sceuole, qui l'obtient incontinent par ſon credit, & encores par raiſon & par Iuſtice. Ce n'eſt pas tout, il dict que ce ſont les peres qui ont faict les reſtitutions des promeſſes, qu'il ne ſe tient pas pour dégagé ſi premierement il ne voit vn eſcrit d'Iſabelle, par lequel elle le tienne quitte de ſa promeſſe verbale, eſtimant qu'vn homme de bien eſt autant tenu à conſeruer ſa parole que ſon eſcrit, puiſque l'eſcriture n'eſt qu'vn teſmoignage viſible de la foy donnee. Or diſoit cela ce ieune Seigneur pen-

G iij

fant que iamais Isabelle ne se resou-
droit à signer vn tel desaueu ; que si
cela arriuoit il auroit iuste occasion
de se plaindre d'elle & de luy reprocher son inconstance & sa legereté:
Timoleon qui voit que c'est-là le dernier rempart de l'obstination de son
fils, luy ayant faict promettre qu'il
entendroit à la recherche d'Elise ce
desaueu estant obtenu, faict de nouueau solliciter Pyrrhe, le conjurant
de l'obliger de tant que de luy faire
auoir vne declaration de sa fille portant le Renuoy de la parole donnee
par son fils, bien que cela ne fust pas
autrement necessaire sinon pour des-
charger de scrupules la conscience de Philippin, promettant de
recognoistre cette courtoisie par des
offices qui l'obligeroient à croire
que leur reconcilation n'estoit point
feinte. Pyrrhe qui se voit recherché
par son Seigneur & en vne chose où il

croit retirer ce qu'il penſoit auoir engagé de ſa reputation en leur derniere veuë, promet incontinent à Scipion enuoyé pour cette affaire de luy bailler ce que Timoleon demãdoit; mais il côtoit ſans ſon hoſte, d'autant qu'il treuua plus de reſiſtance en Iſabelle pour cecy, qu'il n'auoit iamais fait: car iugeant bien par là, prudente qu'elle eſtoit, que Philippin cherchoit tous les moyens de retarder ce mariage d'Eliſe dont elle auoit deſia eu des nouuelles (cela eſtoit ſi commun en la cité que la campagne en fut auſſi toſt abreuuee) elle faiſoit la retiue, diſant que cela n'eſtoit point neceſſaire, que l'eſcrit qu'elle bailleroit pourroit eſtre preiudiciable à ſon honneur. Mais en fin Pyrrhe & Valentine ſa mere la tempeſterent tant qu'apres auoir tiré d'elle pluſieurs lettres qui toutes teſmoignoient aſſez la contrainte qui les tiroit de ſa main, ils se contenterent de celle-cy, où elle sembloit parler plus ouuertement & auec plus de liberté & de franchise; elle s'addressoit à Timoleon, & disoit ainsi.

MONSIEVR,
Mon deuoir m'attachant à l'obeissance de mes parens, ie vous escris par leur commandement, pour deliurer la conscience de Monsieur vostre fils des scrupules dont elle pourroit estre agitée pour les promesses dont il pleut à son affection preuenir ma credulité. Et luy & moy, Monsieur, sommes tellement à ceux qui nous ont mis au monde, qu'il semble que comme nos vies aussi nos fortunes, nos volontez & nos paroles dependent absolument de leur auctorité: c'estoit assez d'auoir rendu les promesses escrites sans me presser dauantage à renoncer par escrit à des protestations verbales; ce que ie fais pour vostre cõtentement & le sien, & pour la satisfaction de mon pere qui me l'or-

donne ainsi. Ce n'est pas pour m'en plaindre, mais plustost pour vous rendre ce tesmoignage de la resioüissance que i'ay du nouueau mariage auquel on nous faict entendre que vous l'allez embarquer; ie prie Dieu qu'il luy soit aussi heureux que ie le desire. Si i'estois libre, & que ma presence n'apportast aucune alteration à vostre ayse, ie serois de cette assemblée pour releuer par l'ombre de mes defauts l'esclat de cette chaisne dorée que vous mettez à son col: Ie croy que la feste sera grande, & qu'elle ne se passera pas sans des exercices ausquels ie me promettrois bien de tesmoigner des traicts de mon courage & de mon addresse, qui me releueroient bien loing au delà de celles de ma condition : mais puisque cela ne peut estre sans troubler vostre repos & sa conscience, ie vous tesmoigneray par la franchise de ce desaueu, que si ie ne suis assez riche pour estre vostre belle-fille, i'ay le courage assez grand pour en mespriser la qualité, en laissant aussi librement la possession à vne autre, que i'en souffre sans regret la perte pour moy. N'attendez pas que ie vous accuse icy de rigueur ny mon pere de contrainte, puisque vous me faittes tous deux vne grace signalée en rompant mes liens pour me remettre en ma premiere liberté; c'est vne faueur dont ie vous dois plustost remercier que de m'en plaindre comme d'vne iniustice. Tout ce qui me fasche (& vous voulez bien, Monsieur, qu'vsant du priuilege de mon sexe ie vous parle librement) c'est le rapport fidele qui m'a esté faict de quelques paroles precipitées qui ont eschappé à vostre iugement au preiudice de ma reputation: Monsieur, vous sçauez mes exercices, & que ie porte à mon costé autre chose qu'vne quenoüille pour faire mourir & mentir tous ceux qui voudroient offencer ce qui m'est plus cher que la vie. Ie ne veux point d'autre tesmoing contre vous que Monsieur vostre fils, duquel ie n'ay souffert l'honnorable recherche que par la permission de mes parens, comme maintenant i'y renonce pour leur marquer mon obeissance. Peut-estre que quelque mesdisant vous a trompé vous faisant croire de moy autrement qu'il ne faut, & dont vous en ferez quand il vous plaira la recognoissance. Ie rends graces à celle dont vous auez fait le choix pour la faire entrer en vostre alliance de ce qu'elle m'en retire, car ie ne voudrois point de beau pere qui m'estimast autre que ie ne suis: si elle est plus noble en richesse, ie puis bien dire hautement que ie suis plus riche en Noblesse; & que si elle me deuance en rang, ie la precede en sang. De ialousie ie n'en auray pas pour son regard, puisque ie n'estime la grandeur des personnes que par leur vertu & par leur valeur: ce n'est point en vne reigle d'or que se mesure le vray merite. Il m'importe peu de luy ceder en ce que ie me soucie fort peu d'emporter sur elle. Que si vous l'aymez mieux pour vostre fils, que moy, ie l'ayme autant pour vous, que pour vostre fils. Ie vous desire en cette alliance plus de ioye que vous n'auez esperé de la mienne, vous remettant par le com-

mandement des miens toutes les promesses que ie pourrois auoir de Monsieur vostre fils, duquel i'attends vn pareil Renuoy, & en la mesme forme que celuy qui me tumbe de la plume. Et pour satisfaction de tous ces torts, ie ne veux faire icy qu'vne solennelle protestation de demeurer à iamais vostre seruante, attendant qu'vne plus heureuse condition m'oste la qualité de vostre Vassale.

Cette longue lettre conforme à l'humeur de Pyrrhe & à la generosité de l'Amazone fut remise à Scipion, qui l'ayant baillee à Timoleon luy apporta plus de sujet de rire que de se courroucer ; car les brauades sont si naturelles à cette nation, que ce sont leurs propos ordinaires, ioint que la qualité de la personne effaçoit toute occasion de ressentiment : elle est communiquee à Philippin, qui cognoissant l'escriture, bien qu'il recognut en diuers traits plusieurs marques de contrainte, est neantmoins pressé par Timoleon de prendre ce Renuoy pour suffisant, receuât commandement de le payer en mesme monnoye. Ce fut donc de cet accent qu'il respondit à Pyrrhe.

MONSIEVR,
I'ay veu celle que par vostre commâdement vostre Amazone a escrite à mon pere, digne certes de son humeur & de son courage, & toute tissue d'vn stil altier & empanaché; elle y parle à cheual, & à vn viellard qui n'a pas resolu de la vaincre sinon par courtoisie : de moy elle ne doit attendre que tout seruice, & nulle opposition à ses volontez. Et pleust à Dieu qu'elle fust aussi libre comme elle parle librement, & que la reuerence que ie doibs à ceux à qui ie doibs tout ne me portast point à luy renuoier les gages de sa foy si solennellement iuree. Mais puisque la malheureuse influence de nos estoiles nous separe, ie suis bien ayse qu'elle ait la pre-

miere tranché le nœud auquel i'estimois le seul couſteau de la mort deuoir ſeruir d'Alexandre. Ie ne veux repartir à ſes hautes paroles que par des humilitez, puiſque n'ayant point changé de cœur ie ne puis changer de diſcours. Si ie luy renuoye les promeſſes qu'elle m'a faittes, ce n'eſt point par le deſdain du rebut des miennes, mais c'eſt parce que demandant ce qui eſt ſien, ie ne puis le retenir ſans iniuſtice. Ie n'ay gardé de me plaindre pour le reſpect que ie luy dois, & pour celuy encores que ie dois à ma propre modeſtie. De tout ce changement ie n'accuſe ny ſon courage, ny le voſtre, comme ie vous prie de n'en taxer & de n'en toucher pas le mien. Ie ne m'en prends qu'à mon malheur, qui ne me permettant pas de pouuoir ce que ie deſire, me porte à vouloir ce que ie puis par vn deſtin ineuitable. C'eſt folie de ſe roidir contre vn torrent: c'eſt prudence de ceder au mal que nous ne pouuons ſurmonter; c'eſt ſageſſe de rendre les armes quand on ne peut vaincre. Celle qui me rend ma parole en r'appellant la sienne, m'apprend par sa sage obeissance quel empire la raison doit auoir sur la passion, & quel ascendant a le deuoir sur vn esprit souple. N'ayant veu que des perfections en ses deportemens, ie veux desormais croire que le change soit vne vertu, puis qu'elle le met en pratique. Son action estant donc ma reigle, son exemple me seruira de raison. Le Ciel m'est tesmoing que ce n'est que pour luy complaire que ie luy renuoye ce qu'elle veut reprendre, & ce que ie ne puis retenir contre son gré, sçachant bien que l'ayant tousiours honorée, ie ne pouuois luy faire mieux paroistre l'estime que ie fais de ses vertus, qu'en les imitant : que si l'on m'accusoit d'inconstance, n'aurois-je pas raison d'appeller iniuste cette accusatiõ qui desapreuue en autruy ce que l'on auctorise en soy-mesme? Ie vous le confesse, Monsieur, que i'ay faict tout mon possible pour conseruer inuiolables mes liés; mais puisque l'on a rompu mes chaisnes, ie ne puis empescher que l'on ne m'attache ailleurs, puisque ma

fortune m'a fait naistre à la seruitude. Ce n'est pas que ie n'eusse honoré vostre alliance, & que ie ne m'essaye par toutes sortes de seruices de rẽdre à vostre maison des preuues de mon amitié; mais puisqu'il faut suiure le cours du premier mobile qui m'entraine, ie me laisse emporter au courant d'vne eau qui ne me promet en sa fin qu'vne mer d'amertume. Ie vays donc immoler mes volontez aux paternelles, Dieu veuille que mon obeissance rende ce sacrifice plus heureux que ie ne l'augure, & vous comble d'autant de prosperitez que vous en desire celuy qui sera vostre seruiteur autant qu'il aura de vie.
Timoleon treuue beaucoup de choses en cette lettre contraires à son humeur, neátmoins il se contéta de tirer ce qu'il peut de ce mauuais payeur, ioint que pour ne cabrer point tout à fait ce ieune homme, il ne voulut pas le contraindre d'en faire vne autre plus conforme à sa fantaisie, puisqu'aussi bien en substance il auoit ce qu'il

qu'il demãdoit, qui estoit le Renuoy
de la parole d'Isabelle; laquelle n'eut
pas plustost eu la communication de
cet escrit que luy fit voir Pyrrhe,
qu'elle acheua presque de viure en
acheuant de le lire: de vous dire le rauage & l'assaut que cet effort fit en
son courage, il ne se peut que par le silence: neantmoins comme estoit sage
& auisée, à l'abord & deuant son pere
elle dissimula puissamment le regret
qui luy rongeoit le cœur, se mõstrant
si constante en apparence, que vous
eussiez dict que cette action de Philippin luy estoit indifferente : mais
quand elle se vit seule en son cabinet,
& que cette retraitte sans tesmoins
la mit en liberté d'exhaler sa passion,
elle fit des actions & dict des paroles
qu'elle ne deuoit ny dire ny faire, si
elle eust eu quelque reste de raison: il
tint à peu que son ame ne s'escoulast
de son corps auec ses pleurs, & que

H

les sanglots & les soufpirs ne l'eftouf-
faffent. Ie ne veux point d'vne plume oyfiue emplir ces pages du recit
inutile de fes regrets, il les faut laiffer
deuiner aux ames outragées du fentiment d'vne pareille difgrace. Combien roula-t'elle de differents projets
en fa penfee!,tantoft elle veut fous vn
des habits de fon frere aller treuuer
fon perfide pour s'attacher à fon collet comme vne furie vengereffe, & le
couurir des reproches de fa lafcheté
& de fon inconftance; mais comme
elle auoit le cœur hautain la confide-
ration de fon honneur la retenoit en
fon debuoir, fçachant bien qu'vne
telle equipee la combleroit d'infamie. Mais auffi mourra-t'elle d'vne
mort obfcure, priuee non feulement
de la iouiffance de fes legitimes pre-
tenfions, mais encores de vengeance:
affeurez vous qu'entre ces deux extremitez fon efprit eftoit agité de

convulsions merveilleuses. En cet orage elle devient accablee d'vne si forte melancholie, que ne voulant plus ny voir personne ny estre veuë d'aucun, si elle eust pû se separer d'elle-mesme elle l'eust faict bien volontiers : elle s'enfonce dans vne sombre & profonde retraitte, rongee de mille ennuis, & ne pensant qu'aux desplaisirs qui pilloient sa patience.

Vne nuict eternelle
Plaine de soings diuers
Esblouit sa prunelle,
Et tient ses yeux ouuerts,
La lumiere luy manque, & son ame defaut,
L'esperance la laisse, & la douleur l'assaut.
Mille estranges pensees,
Mille tourments secrets,
Des promesses brisees
Mille cuisans regrets,
Forcent sa patience, & ne la laissent point
Endormir au soucy qui sans cesse la poinct.
Les douleurs criminelles

Des supplices divers,
Les peines plus cruelles
Des roües & des fers
Agitent son esprit privé de son repos,
Que mainte flamme obscure estonne à tout
 propos.
 Parmy cent mille allarmes
Elle passe les nuits,
Les yeux remplis de larmes
Et le cœur plein d'ennuits,
N'ayant autre confort qu'à penser seule-
ment
Qu'elle a perdu l'espoir de tout côtentement.
Ainsi se va tourmentant sans conso-
lation & sans conseil l'infortunee
Amazone: rien ne luy plaist parce
qu'elle se desplaist à elle-mesme, la
nuict luy est fascheuse parce qu'elle a
perdu l'vsage du repos, & le iour en-
nuieux parce qu'il luy fait voir trop
clairement son desastre : ce n'est plus
cette Atalante qui faisoit décroistre
par sa valeur le nombre des sangliers

de cette Thessalie: l'horreur des bois qui auparauant luy estoit si douce, tandis que l'œil du iour la regardoit plus fauorablement, luy est maintenant vne fascheuse horreur; elle ne trouble plus la solitude noire des forests; les assemblees des chasseurs ne sont plus esclairees de cette lumiere; & ce qui la fasche le plus, c'est que chacun faict des discours & des iugemens selon sa fantaisie du changement de sa vie & de son humeur.
Elle ne paroist plus en des lieux frequentez,
Cherchant de se cacher aux endroicts desertez.

Ses parens qui sçauent la cause de son mal, & qui n'y sçauent point de de remede, s'en affligent; Valentine principalement, qui voyant flestrir les fleurs du visage de cette fille qu'elle aymoit, côme vnique vniquemét, se tourmente excessiuement, maudissant mille fois l'accointance de Phi-

H iij

lippin; mais Pyrrhe & Herman qui sçauent que cette farouche vie appreste à parler à beaucoup de gens, en ont vn sentiment bien plus vif. Paures gens, si l'espine vous point encores toute tendre, que sera ce quand deuenuë plus dure & moins corrigible elle sera cause de la perte de vostre honneur & de vostre vie! Mais laissons cette desolee dans sa melancholie, pour aller voir ce qui se fait à la ville touchant le mariage de Philippin: le voyla donc embarqué par le commandement de son pere en la recherche d'Elise; mais comment appellons nous recherche vne alliance en laquelle il est preuenu par ses parens & par ceux de sa future Espouse: Timoleon est d'accord auec Sceuole, qui luy offre la carte blâche, & luy promet vn tel doüaire que sa maison estant desgagee des affaires dont il se chargera, il fera sa fille son heritiere vniuerselle, & la mettra en possession de biens immenses.

A quoy ne portes tu les courages humains, Faim sacree de l'or!

Celuy qui a dict que la liberté est vn bien qui ne se vendroit pas pour tout l'or du monde, s'est trompé de plus de la moitié de iuste prix, parce qu'il y a dans le monde autant & plus de chaisnes d'or que de fer ; car n'est-ce pas l'or qui fait cette seruitude des Idoles, contre laquelle crie si haultement le grand Apostre ? Philippin le va experimenter, qui plus marié par la conuoitise des yeux de son pere que par ses propres desirs, va plustost espouser le coffre que le corps d'vne femme. Aussi ne va-t'il que d'vne aisle en cette recherche, parce-qu'il n'y a rien où le debuoir soit plus desagreable qu'en vne affection ordonnee par la bienseance & par l'interest: la volonté est d'vne qualité si libre, que luy commander c'eſt la faire eſuanoüir.

Dure loy de l'auctorité
 Qui enchaiſnes la liberté,
 Et dont on ne peut ſe defendre,
 Que ta rigueur a de pouuoir,
 Que tu fais triſtement apprendre
 Quel tyran c'eſt que le Deuoir.

Auſſi Timoleon iugeant bien qu'il ſeroit malayſé de tirer de ſi viues flammes que les premieres par de ſi mornes que ſes ſecondes, fit prendre Eliſe à Philippin comme vne medecine à vn malade, & comme Laban donna Lia à Iacob, preſque ſans la regarder: ce n'eſt pas qu'elle fuſt ſi effroyable qu'elle ne meritaſt d'eſtre conſiderée, mais certes comme elle pouuoit eſtre aymée d'Amour d'Amitié, difficilement l'euſt elle peu eſtre d'Amour de conuoitiſe par vn cœur preoccupé, comme celuy de noſtre ieune Courtiſan. Il la voit neantmoins plus satisfaict de sa vertu, qu'amoureux de sa personne, & l'entretient en homme qui a plus d'affection sur les leûres que dans le cœur: la sotte chose que faire l'amour par commandement ! En fin comme le pauure poisson il entre dans la nasse d'vn lien comme forcé, & qui n'ayāt rien de volontaire que le commencement estreint par apres vn nœud de necessité, qui ne se peut rompre que par le tranchant de la mort, & qui pour tous les repentirs imaginables ne se peut dissoudre durant la vie: car il n'est pas à la puissance humaine de desioindre ce que la Diuine a conjoinct. Elise cette innocente & infortunee creature, qui faict le principal personnage en cette Scene tragique que nous representons, estoit vne fille bien née, & d'autant plus chaste & plus vertueuse qu'elle estoit moins belle ; car il semble en vn

temps si deploré que celuy auquel nous viuons, téps de la fin & de la lie des siecles, que la Vertu & la Beauté soient en querelle. Sa mere femme de Sceuole son pere, sera par nous pour sa sagesse appellée Sophie; sa naissáce n'estoit pas tant illustre de sang comme elle estoit remplie de vertus; car
En noblesse de mœurs elle passoit sa race,
Et sa fille en cela la suiuoit à la trace.
Elle auoit esleué ses deux filles (c'est tout ce qu'elle auoit d'enfans) auec vne gráde crainte de Dieu & vne extreme modestie. Et comme Elise auoit esté plus long temps sous sa discipline, que sa sœur Leonor, aussi la surpassoit-elle en humilité & en obeissance: elle passoit en âge le ieune Philippin, mais de bien peu; elle estoit si aduisée & iudicieuse, que rien ne se pouuoit desirer en elle pour rédre vne mere de famille accomplie de tout poinct. Sa vertu, sa douceur, sa mode-

stie, & l'extreme affectió qu'elle auoit pour son mary fut si forte, qu'en fin il fut cóme contraint par tant d'obligatiós & de puissátes chaisnes à l'aymer: vous eussiez dict qu'elle apportoit en la maison de Timoleon les mesmes qualitez que Raguel ordonne à sa fille Sara d'auoir en celle de Tobie: elle estoit douce & complaisante à son mary, respectueuse & seruiable à son beau-pere, lequel en deuint presque idolastre, tant il estoit rauy des bons offices qu'elle luy rendoit. Philippin qui n'est pas tout à fait insensible est contrainct de se rendre à tant de debuoirs; car il n'y a cœur si dur, dict vn Ancien, qui ne voulant donner l'Amour ne soit contrainct de le rendre, parce que le seul prix de l'Amour c'est l'Amour, le charme sans sorcellerie pour se faire aymer c'est d'aymer: quelle apparence aussi de n'aymer point celle qui n'aymoit que luy, &

qui n'aymant le iour que pour le voir ne respiroit que pour luy plaire, il eust fallu estre vn Rocher pour ne se rendre point susceptible d'vne si iuste, si saincte & si legitime flamme. Car bien que son sens y repugne, & que son imaginatiõ embarrassée des traicts d'vne autre idee n'ait point de vuide pour grauer cette nouuelle impression, si est-ce que sa raison vaincuë de tant d'amitié est contrainte de la recognoistre par des tesmoignages de mutuelle bienueillance. Vous diriez que comme Isaac tempera le regret de la mort de sa mere par la venuë de sõ Espouse, aussi que nostre nouueau marié oubliast aucunement ses premieres fureurs pour se ranger tout à fait aux termes de son deuoir, enseuelissant ses feux volages en des sacrez & solides. Le mariage est vn sage marché, où il se faut conduire auec beaucoup d'attrempance

& de retenuë. Vn mary qui fait trop l'empreſſé de ſa femme, comme dict vn Ancien, ſemble eſtre vn adultere. Ceux qui meſlent tant de mignardiſe & de delicateſſe, en cette venerable alliance en eneruent la valeur, & en raualent la dignité : ce Sacrement ſe doit pluſtoſt pratiquer par vn iugement meur & raſſis que par vne ardeur bouillante & precipitee. Heureux euſt eſté Philippin ſi ces conſiderations euſſent tenu le contrepoids en ſa conduitte : mais ſon aage trop tendre ne le rendoit pas encores ſuſceptible de ſi ſolides entretiens. La ſeule neceſſité, la crainte de ſon pere, & le fort aſcendant que prend ſur ſon eſprit la vertu de ſa nouuelle Eſpouſe, le tiennent en ce debuoir, auec tant d'edification de tous ceux qui le voyent, que l'on n'euſt iamais penſé à ces heureux commencemens vne ſi malheureuſe iſſuë de mariage que celle que i'ay presque horreur de tracer. Trop heureuse Elise, disoit le Poëte de sa Didon, si aux riuages de Carthage ne fust point abordé cet Ænee, qui sous vn semblant si beau & si franc cachoit la desloyauté & la perfidie: Elise trop heureuse pouuons nous dire de la nostre, si ses parens aueuglez par le lustre d'vne ambition immoderee ne l'eussent point portée à vne si haute & illustre alliance; car cette esleuation ne luy seruit que comme celle de la tortuë, qui n'est sousleuee par l'aigle que pour estre precipitee sur des rochers & brisee en mille morceaux. Si la ressemblance des mœurs est la grande soudure de l'amitié, l'egalité est aussi la plus seure baze d'vn bõ Mariage; car les disproportions de la naissance ou des facultez tost ou tard apportent tousiours des picotteries & des riotes: ce sont des semences de diuisions pour l'arriere-saison. Tout cela neantmoins ne paroist non plus en ce commencement de mesnage, que les graines fraischement respanduës dans la terre; mais telle la semaille telle la recolte. Timoleon remeine son fils & sa belle-fille à Belleriue, si plein de ioye & de contentement de se voir libre de debtes, les affaires de sa maison en vne main & sçauante & auctorisee, son fils deliuré ce luy sembloit de ses anciennes passions, qu'il n'y auoit aucun de tous ceux qui le visitoient ausquels il ne fit paroistre & en son front & en ses discours l'excez de son allegresse: il estoit si soigneusement seruy, si religieusement honoré de sa belle fille, qu'il estimoit de ceste façon couronner sa vie de la plus heureuse vieillesse qui se peust imaginer; il ne pense qu'à faire bonne chere, à couler doucement le reste de ses iours: le soin domestique ne de trauaille plus; car Elise inftruitte à cette conduitte par Sophie fa mere dés fes plus tendres ans, en prend toute la charge; & auec vn tel ordre & vne telle vigilance, que rien ne manquoit; tout abondoit, chacun eftoit content, & tout le monde la beniffoit. Que ne faict vne perfonne vertueufe & addonnée à la Pieté! elle infpira la deuotion par toute la famille, c'eft vn fel qui affaifonne tout; elle eft Marie en fes oraifons, Marthe en fa follicitude; vous diriez à fa vigilance & à fes affaires qu'elle n'a aucun loyfir de prier; vous diriez à fes exercices fpirituels qu'elle ne vacque qu'à la priere: toute douceur en l'exterieur, toute ferueur en l'interieur; vn abbord perpetuel de compagnies ne la diuertit point du feruice de Dieu; c'eft la femme forte du Sage qui vacque aux chofes grandes, fans negliger les moindres.

Humble,

Humble, gracieuse, attrempee, sage, auisée, modeste, complaisante, ioyeuse, l'honneur & la gloire de sa race, & de toute cette contree : comment n'eust esté charmé le cœur de Philippin par tant de merites? il ne luy manquoit qu'vn peu plus de iugement pour estimer plus dignement tant d'obligeantes qualitez. Entre ceux qui visiterent Timoleon & Philippin pour les congratuler de cette heureuse alliance, Pyrrhe & Herman ne manquerent pas au deuoir auquel les obligeoit autant le voysinage que le vasselage; on ne parle point du passé, Timoleon leur faict vne chere ouuerte, & Philippin s'essaye de les obliger en cent façons : nostre ieune fils est marié, il n'a plus que faite de Gouuerneur ayant vne si bonne Gouuernante; les exercices de la chasse se renouuellent, ausquels la Citadine ne s'entend pas comme la

I

Cótadine : Elise ne sçait que ce qu'vne femme doibt sçauoir. Isabelle est vn soldat de robe longue; celle cy par la bouche de la Renommee entend non sans ialousie les incomparables vertus de celle là : mais quand elle sceut les preeminéces de bône grace qu'elle auoit sur elle, cela tempera cette passion dedans son cœur: Elle se resout à vn fillage perpetuel & à consommer ses iours aux violens exercices de la chasse, si propres à la conseruation de la Chasteté, soit que le despit, soit que le desespoir de reconquerir Philippin l'eust guerie, tant y a qu'elle reprend son premier air. La Noblesse voysine pour honorer les nouuelles nopces d'Elise fit des assemblees à Belleriue, où plusieurs courses & tournois se pratiquerent, & où Isabelle se treuua auec son pere & son frere, & y fit des merueilles: elle vint mesmes auec Valentine sa mere voir Elife & fa mère Sophie, qui l'eſtoit venu conduire en ſon meſnage; viſite qui emplit d'allegreſſe tout le voyſinage, voyant cette querelle tout à faict amortie : Là Eliſe veit Iſabelle d'vn œil de Colombe ſans fiel, & doux comme la meſme ſimplicité, luy faiſant des careſſes ſi obligeantes, qu'elle luy fit bien paroiſtre la bonté de ſon cœur; mais l'autre plus malicieuſe la regardoit comme celle qui luy auoit rauy ſon threſor, diſſimulant neantmoins auec tant d'accortiſe ſes penſees, que bien qu'elle euſt l'amertume dans le ſein; ſes leûres diſtilloient vn rayon de paroles emmiellées. O que contraires eſtoient les ſentimens de ces deux Riuales; l'vne pleine de vertu admiroit & aymoit les graces que Dieu auoit miſes en l'autre; & l'autre d'vne ialouſe enuie conſultoit ſouuent la glace de ſon miroir, afin d'y voir les auantages de son teint sur celuy de sa supplantatrice. Timoleon qui redoute la veuë de ce basilic pour son fils, & qui craint vne nouuelle picqueure pire que la premiere, a l'œil à lerte sur les deportemens de Philippin, lequel tremblant sous les yeux de son pere comme l'Escholier sous la ferule du Maistre, pour empescher tout soupçon reigle sa contenance, ses regards & ses discours de telle façon qu'il ne parle que de choses communes aux oreilles de chacun, & ne regarde son ancien object que comme vne chose indifferente: il ne fait pas aussi trop le reserué pour ne paroistre artificieux & contrainct, mais auec vne mediocre liberté il se fait croire sans dessein, & trope ainsi les yeux de cet Argus qui le veille: tout son fait neantmoins n'est qu'artifice au dedás, bié qu'au dehors il ne face monstre que de naïfueté: mais tout ainſi que le feu du Tonnerre plus il eſt reſſerré dans le nuage plus violens en ſont les eſclairs; auſſi plus il y auoit de contrainte, plus dangereuſement lançoit-il ſes regards ſur cette Amazone autrefois ſi paſſionnément deſirée. Neantmoins il y auoit vn grand contraſte en luy meſme entre le ſentiment & la raiſon; car quand celle-cy eſtoit la maiſtreſſe fauoriſée par l'abſence d'Iſabelle & par la veuë de tant de vertus qui eſclattoient de toutes parts en ſon Eliſe, il aſſaye auec vne eſponge d'oubly d'effacer les traicts de ce viſage dont l'idée le tourméte. Quelquefois eſtant ſeul pour ſe fortifier en cette iuſte guerre de la raiſon contre le ſentiment, il s'anime à ſuiure le party de la vertu par ces belles paroles.

Vains deſirs qui pour tant de feux
Où mon ame s'eſt conſumée,
Payez d'vne ingrate fumée

Le sacrifice de mes vœux,
Desirs dont la tourbe m'oppresse,
Vipereaux qui rongez sans cesse
Mon cœur de pensers inhumains,
Hors de moy tisons de ma flamme,
Sortez promptement de mon ame
Par la porte de mes desdains.

Que l'object qui vous a produits
Sorte auecques vous de sa place,
Et que les desdains pleins de glace
Y soient heureusement reduits;
Qu'auecques luy sorte l'image
A qui mon cœur faisoit hommage
De toutes ses affections,
Ou qu'elle y demeure si noire
Qu'en la regardant ma memoire
Abhorre ses perfections.

Pauure Philippin, tu disois bien ainsi lors que ta raison fortifiee par les seruices de ton Elise te rendoit le maistre de tes sentimens ; mais quand la loy du sens rebelle à celle de l'esprit semoit des reuoltes, des seditions &

des contradictions en la cité de ton interieur, c'est lors que perdant courage tu r'entrois en tes premieres frenaisies, & que combatu de toy-mesme tu deuenois de vainqueur raisonnable, vaincu passionné. Cependant les visites actiues & passiues sous couleur de ciuilité se rendent plus frequentes que Timoleon ne voudroit; la chasse sert souuent de pretexte, & vne autre cause en est le sujet. Le rusé vieillard veut aller au deuant du malheur, & pour ne tomber de fieure en chaud mal couper toutes ces nouuelles amorces; Bié que só fils ne soit gueres auancé en aage, neátmoins le mariage l'ayant rendu plus libre il seroit messeant qu'il exerçast sur luy les mesmes defences & les mesmes rigueurs qu'il auoit pratiquees lors qu'il estoit garçon: de remedé il n'y en a point de meilleur que celuy que les Medecins pratiquent aux cathar-

I iiij

res qu'ils diuertissent quand ils ne les peuuent desseicher. Nous auons dict que Montd'or est vn tresbeau Chasteau & vne place forte & d'importance qu'il auoit à deux ou trois grandes iournees de Belleriue au pied des Mots de la fameuse Pyrene: sous pretexte de le vouloir monstrer à sa Belle-fille il y mene tout son train, & celuy de son fils. Qui fut desorienté ce fut Philippin, mais qui le fut bien plus ce fut Isabelle, laquelle à cette derniere veuë auoit tellement accreu ses flammes soit par tentation ou autrement, que cette priuation la pensa verser au tombeau. Elle iugeoit bien que cet orage s'estoit esleué pour elle; de remede elle n'en sçait point, sinon de se refugier à la patience. Philippin fut vn peu estonné au commencement de cette absence, & en resta morne & pensif quelque temps; mais comme ce feu volage qui commençoit à brusleter autour de son cœur naissoit de la veuë de son object, l'escart en r'allentit & l'esclat & la poincte: car comme on se gaigne par le reuers de ce qui perd, il n'y a point de doute que l'absence r'auiue quand la presence tuë. Et puis les sainctes caresses d'Elise le gaignoient si puissammét que sa raison en estoit toute renouuellee: Car si la Vertu, comme dit cet Ancien, rauiroit tout à faict les cœurs si elle estoit visible, comment n'eust elle rauy le sien se rendant si visible en la personne de la chaste Elise? O s'il eust faict en ce temps vne heureuse prouision de prudence, & s'il eust gousté serieusement & solidement ce beurre & ce miel de discretion qui fait distinguer le bien du mal, il eust bien peu cognoistre l'extreme difference qui est entre vne affection vertueuse, iuste & saincte, & vne passion brutale, illegitime & deshonneste: car au lieu que le baume precieux de celle-là, comme l'odeur d'vn champ fleury, recrée le Ciel & la Terre, Dieu & les hommes, donnant à ceux qui la sauourent comme ils doiuent vn auantgoust & des assentimens de Paradis; aussi l'infame exhalaison de celle-cy en diffamant ses propres autheurs scandalise le prochain, & fait sentir en sa tyrannie vn prelude des tourmés & des inquietudes de l'Enfer. Si Philippin eust peu côceuoir & reduire en effect cette pensée, nous ne serions pas en peine de chercher des mots assez douloureux pour exprimer les calamitez qui l'accueillirent en consequence de ses deprauatiós insupportables. Mais pour ne le rendre point malheureux auant terme, donnons-nous le loysir de le considerer au faiste de ce bonheur, trop grand pour luy, s'il l'eust peu ou comprendre ou recognoiſtre ; car ſinon vuide au moins exempt des plus viues pointes de cette premiere Amour qui le tourmentoit, ne penſant plus qu'à complaire à ſon Pere ; & tout remply du deſir de rendre le reciproque aux tendres affections de ſa nouuelle Eſpouſe, il paſſoit en cette façon la plus tranquille vie qui puiſſe tomber en l'humaine penſée, dans l'ayſe, dans l'opulence, dans les paſſe-temps, dans vne abondance, ſans ſollicitude; tout luy criant & le conuiant à ſe reſiouyr & à ſe contenter de ſa fortune. Certes il iouyſſoit d'vn bon-heur non commun, & qui ne ſe peut pas ayſément conceuoir ſinon par ceux qui ſçauent la difference d'vne Amour friuole & vicieuſe, & d'vne conſtante & vertueuſe; car la gloire de telles delices ne peut pas eſtre compriſe de toutes ſortes d'eſprits. Le Soleil n'eſclairoit iamais la

Terre qu'il n'apportaſt à ces chaſtes Amans quelque rayon de nouuelle faueur; la nuict ne faiſoit point paroiſtre tant de flambeaux dans l'enfonceure du Ciel, qu'elle allumoit de feux en leurs ames: leurs contentemens nullement ſuffoquez par la facilité de leur ſainct & legitime vſage, treuuoient, comme dedans le Ciel, le deſir dans la ſocieté, parce que la modeſtie tenoit leurs ſinceres affections ſous la bride de la raiſon, de telle façon que poſſeſſeurs de leurs deſirs ils ſembloient encores en deſirer la poſſeſſion par vn eſtrange accord de l'eſperáce & de la iouïſſance. Il me plaiſt de depeindre ainſi belles & pures, quoy que delicates & molles, ces affections Maritales, parce qu'il me ſemble que l'on ne ſçauroit aſſez rehauſſer le prix de ce qui eſt legitime; car pourquoy tout ce qui eſt bon, tout ce qui eſt ſainct, tout ce qui eſt chaste, tout ce qui est de bonne odeur, & tout ce qui est de bonne renómee, ne sera-t'il pas esleué par vne plume qui n'a autre but en ce qu'elle trace que d'honorer la vertu & detester le vice? Faut-il que nous representions tousiours Antigonus du costé de son mauuais œil? ne donnerons nous iamais des traicts de pinceau pour le faire voir du costé de son plus agreable pourfil? Les plumes malicieuses feront de merueilleuses equipees pour faire voir des accointances iniustes auec tât d'art, qu'il est malaysé de lire leurs traces sans estre esmeu de mauuaises suggestions; & il ne sera pas permis à celles qui combattent pour la Chasteté d'en faire paroistre de legitimes encloses dans ce sacré lien, où selon l'Apostre le lict est sans tache, & qui est la pepiniere du Christianisme? Mais helas! comme le beau temps garde peu constamment sa serenité, & comme il est peu de jours si clairs que leur lustre ne soit troublé de quelques nuages; tandis que Philippin enjalouse le Ciel des felicitez dont il ioüyt en la terre, ce beau iour eut sa nuict, & comme sa subiection fut son bon-heur, sa liberté fut sa ruine.

FIN DV SECOND LIVRE.

ELISE.
LIVRE TROISIESME.

DESIA le Soleil estoit pour la troisiesme fois au milieu de la course de ses douze maisons, desia les traces de l'idee d'Isabelle estoient si foibles en son ame, qu'il ne pensoit à elle que comme vne chose indifferente; il ne voit plus que par les yeux d'Elise, & ne discerne rien que par son iugement; tellement possedé de l'object de tant de Vertus, que le Vice ne pouuoit auoir d'accez en son ame. Montd'or estoit vn mont de perfection, & pour les graces temporelles & spirituelles que Dieu versoit largement sur cette maison, on la pouuoit appeller vne montagne de Dieu, montagne grasse & fertile, montagne en laquelle il plaisoit à Dieu d'habiter. Dieu la cōbla de ses benedictions en faueur d'Elise, comme iadis la maison de Laban en consideration de Iacob. Timoleon voit & ses esperances & ses souhaits surmontez par sa prosperité, disant quelquefois comme Themistocles chassé d'Athenes, qu'il estoit perdu s'il n'eust esté perdu, & que la suitte de la Cour eust ruiné sa maison si l'exil de la Cour ne luy eust r'appellé pour la remettre. Il se voit renaistre au commencement d'vne posterité, car durant ce temps là Elise accoucha d'vne fille que Timoleon nomma du nom de sa femme defuncte, celuy de la fameuse Penitente, que nous exprimerons par celuy de Dalimene. Il desiroit vn fils, & il y a grande apparence que le Ciel

le

LIVRE III.

le fauorisera de cette grace; car Elise a
quelque sentiment d'vne seconde
grossesse; quand tout à coup vn gros
orage vint troubler toutes ces felicitez, & sursemer d'espines tât de roses;
ce fut par la mort inopinee & sou-
daine de Timoleon, lequel allant à la
chasse tumba de son cheual dedans
vn precipice, où s'estant tout brisé la
teste (blesseures dágereuses aux vieil-
lards) il eut encores quelque interual-
le pour penser au salut de son ame, &
ainsi expira-t-il en Dieu, n'ayant le
loysir ny de haranguer son fils, ny de
disposer de chose quelconque. On
r'apporta le corps (car il mourut à la
campagne) dans vn brácard à Mont-
d'or, & la pauure Elise croyant que ce
fust la proye de la chasse fut pleine de
ioye à la triste rencontre de son beau-
pere trespassé. Cela la toucha si viuement, ces deux passions de l'allegresse & de la melancholie se rencontrans en

K

vn mesme instant dedans son cœur, qu'elle en tomba en syncope, & l'estat auquel elle estoit pensa la mettre au train de tenir compagnie au defunt, trop heureuse si ce malheur luy fust arriué: icy finiroit cette sanglante Tragedie que nous allons escrire; car depuis ce poinct le malheur ne cessa de persecuter son innocéce, iusques à la rendre coulpable de mort, sans auoir commis aucun crime. Iniurieuse Fortune, quád cesseras-tu de persecuter ainsi la Vertu; Cantharide malencontreuse en voudras-tu tousiours aux plus belles roses? A Belleriue estoit le Tombeau des Ancestres de Timoleon, le sejour de Mont-d'or est rendu triste par l'accident de cette mort: il faut conduire ce corps au Sepulchre de ses Peres: ô Philippin où vas tu? fault il que pour rendre des deuoirs d'Amour à vn Mort, tu ailles donner la mort à ton Amour ? ou pluſtoſt r'allumer auec ces torches funebres le funeſte brandon de cette Iſabelle, qui reduira ta vie & ton honneur en cendre ? O ſi les Manes de Timoleon te pouuoient parler, qu'ils te deſconſeilleroient bien ce voyage ; ô ſi la mort luy euſt permis de te haranguer, combien efficacement t'euſt il diſſuadé la rencontre de ce premier objec̄t de tes flammes ! Pauure papillon, tu vas bruſler les aiſles de tes deſirs à vn flambeau qui te va perdre. L'Amour eſt ce demon de l'Euangile, lequel r'entré dedans la maiſon d'où il auoit eſté chaſſé, y tient plus fort qu'auparauant, rendant celuy qu'il poſſede plus furieux que iamais. Il ne faut point remettre ceux qui ſont agitez de la rage en la preséce des animaux qui les ont mordus, ſi l'on ne veut redoubler leur tourment ; ny r'approcher du feu vn flambeau fumant si l’on ne veut qu’il se r’allume. Le plus grand secret que l’Apostre sçache pour euiter la fornicatiõ, c’est la fuitte; celuy qui ayme le peril y perira. Elise que ta prudence ne te faisoit-elle treuuer quelque inuention pour destourner le desastre qui te va accueillir en ce funeste voyage! mais quand vne fois le malheur veut accabler quelqu’vn, dict vn graue Ancien, il semble que sa sagesse soit engloutie, & son iugement aueuglé, pour ne preuoir pas le precipice où il se porte. Arriuez à Belleriue, toute la Noblesse circonuoysine, & principalement celle du Vasselage de Timoleon, vient rendre les derniers deuoirs à la Sepulture de ce Seigneur. O cendres de la mort, faut-il que du milieu de vostre froideur sortent tant de charbons qui embrasent le cœur de ce successeur miserable? La belle Amazone renduë libre comme vn homme par le decez de Valentine sa mere, qui estoit allee à Dieu durant le sejour de Mont-d'or, estant deuenuë compagne inseparable de son frere Herman, fut auec luy & encores auec Pyrrhe son pere à ces funerailles de Timoleon, qui furent celles de son Honneur & de la felicité de Philippin ; car elle y parut vestuë d'vn dueil si auantageux à sa grace naturelle, que l'on eust dict que ce qu'elle auoit faict par naïfueté pour honorer cette pompe funeraire, (ioint qu'elle portoit encores le dueil de sa mere) estoit vn pur artifice. Les habits de dueil ont cela de propre, de rendre les beaux encores plus beaux, & les persónes desagreables encores plus difformes qu'elles ne sont. De dessous ces voiles sombres Isabelle lançoit des regards plus estincellans que ne sont les esclairs auantcourriers du Tonnerre sortans d'vn

K iij

nuage tenebreux & noir: & par vne deplorable rencontre Elife qui n'auoit des Beautez qu'en fes Vertus, parut auec vn extreme defaduantage de fa naturelle difpofition, fous ces habillemens lugubres ; ioint qu'eftant bien fort affligee de la perte d'vn beau-pere qu'elle honoroit infiniment, & qui l'aimoit d'vne affection incomparable, rien n'efface tant la Grace qu'vne veritable douleur, puis que pour eftre gracieufe elle doit eftre gaye. Or tout ainfi que le marché eft à moitié noüé auec le fecond marchand quand on eft defgoufté du premier, le Sens fe reuoltant contre la Raifon en Philippin par cette entreueuë, & fe voyant entre ces deux Aymans, dont l'vn frotté de l'ail de la trifteffe n'eut plus fon effect ordinaire d'attirer le fer de fon cœur; l'autre armé de mille efprits attrayans l'enleua, ains le tranfporta en vn moment de sa droitte assiette: leurs regards messagers de leurs intentions firent parler leurs cœurs, qui furent reduits en cendre par les estincelles qui se formerent de leur malheureuse collision. Là-dessus ce lyon rugissant qui rode sans cesse pour nous deuorer, ce dragon qui nous seduit par ses artificieuses idees, emplissant les reins d'illusions malicieuses, cet esprit conjuré contre nostre salut, qui ne perd aucun temps pour nous faire du dommage, couurant les yeux de Philippin d'vne double tromperie, luy fit paroistre beaucoup plus agreable qu'il n'estoit cet objet illegitime; & d'autre-part luy fit voir si hydeuse celle que seule il pouuoit & deuoit iustement aymer, qu'il conceut vne secrette horreur contre elle, ne pouuant comprendre côme il auoit peu si long-temps s'y arrester: & certes la douleur & l'estat de sa grossesse, que l'on tient rendre les plus belles desplaisantes, auec cet habit si peu fauorable à la mediocrité de la forme d'Elise, contribuoient à cette auersion de Philippin. L'autre insolente à merueilles par la cognoissance de ses prééminences, comme vn paon qui par sa rouë se couurant & se couronnant de gloire, iette la honte sur les autres oyseaux, piaffant de sa victoire, & chargée des trophees de sa conqueste renouuellee, se retire triomphante chez soy, laissant Philippin dans les plus estranges inquietudes qui se puissent dire. Quand on iette vne pierre dans vne eau dormante elle y fait multiplier les cercles à l'infiny; cette veuë forme mille impressiós dans l'ame de ce ieune homme auparauant si paisible & tranquille. O Philippin, c'est icy qu'il faut resister au mal qui te combat; c'est icy qu'il faut prédre les antidotes de ce venim qui se glisse dans tes veines, qui troublera la paix de tes os, & la santé de ta chair : si tu dissimules, tes cicatrices se rendront tellement pourries & enuieillies, que la gangrene spirituelle s'y mettant, la mort de la grace est infaillible. Mais malheureux tu flattes ton malheur, tu irrites tes vlceres, en les grattant.

Euite ces escueils, escarte ces riuages,
Tu n'y peux esperer que de tristes naufrages.
Il n'en fera rien, sa maladie luy plaist plus que la santé, il prefere la tempeste au calme, la mort à la vie, la prison à la liberté, cette torpille l'a engourdy en le regardát, cette Syrene l'a endormy d'vn sommeil letargicque ; & bien que captif volontaire, il ne redoute rien tant que sa premiere franchise, tenant sa seruitude renouuellee pour son plus grand bien. Il preuoit assez les maux qui le menacent à ce changement, mais il ferme les yeux

de son iugement pour ne les recognoistre point.

Ce qui est legitime, honorable & licite
Luy semble desplaisant, son appetit s'irrite
Par la difficulté, miserable qui veut
Ce qu'il ne deuroit pas, mesprisant ce qu'il peut.

Ainsi le chasseur tousiours alteré de nouuelle proye laisse celle qu'il a prise pour poursuiure impetueusement celle qu'il ne tient pas. Voyla ce ieune Seigneur respecté comme vn nouuel Astre se leuant sur l'horison de cette contrée : ses vassaux luy viennent rendre hommage tandis qu'il minute de nouueaux deuoirs pour se rendre homme lige de sa vassale : il paroist libre, & il est plus esclaue que quand il estoit sous la subjection paternelle. C'est vn cheual eschapé qui n'a plus ny frein ny bride ; c'est vne nauire sans timon, vne nuee pleine de l'eau noirastre d'vne aueugle pasfion, agitee du vent de fa mauuaife conuoitife. Defia les innocentes careffes d'Elife luy font à côtre-cœur; & comme ces maladies qui ont en horreur les viandes dont ils ont efté friands durant leur fanté, ce qui fut iadis fon côtentement luy deuiét infupportable: fes yeux armez de mefpris ne regardent plus cette femme que pour la defdaigner; fa prefence eft odieufe, fa prudence fufpecte, fon mefnage luy paroift auarice, fa modeftie vne beftife: & comme tout ce que nous voyons à trauers vn verre coloré nous paroift de la mefme couleur que ce milieu qui trompe noftre veuë, ainfi ne côfiderant plus fes vertus que par l'entremife d'vne fecrette auerfion, qui fe changera bien toft en vne haine formee, elles luy paroiffent odieufes comme des vices.

Et fes perfections ne luy femblent qu'vn fonge,

couurant la verité d’vn voile de mensonge.

Desia cette Lia quoy que feconde ne luy est plus rien, s’imaginant la possession d’vne plus agreable Rachel; voyla tout le miel qu’il auoit autrefois si suauement cueilly en l’accointance d’Elise changé en l’amertume d’vne absinthe. Elise s’apperçoit aucunement de cette froideur, mais comme elle estoit bonne & simple, elle en reiette la cause sur la mort de Timoleon, qu’elle croit affliger Philippin; & bien qu’elle la ressentist tout autrement que luy, dont les pensees embroüillees d’Amour estoient bien esloignees de celles de la mort, plus elle pense le consoler plus elle l’irrite, plus elle le caresse plus elle l’importune. Et bien qu’il se contraigne tant qu’il peut, couurant d’vne fausse ioye vne tristesse veritable, si ne put-il empescher que son visage, ses actions & ses paroles ne le trahissent, faisant assez paroistre aux moins auisez qu'il a ie ne sçay quoy en l'esprit qui le tourmente. Elise voit cela, & en est en vne agonie inconceuable. Elle penseroit faire tort à son mary d'estimer qu'il fust agité de quelque mauuaise affection; elle est trop innocente pour treuuer en soy aucun sujet de mescontentement qu'elle eust peu luy donner, & il n'est rien qu'elle ne sceust plustost que la vraye cause de cette alteration: de ialousie contre Isabelle elle n'en a point; car elle croit que le temps a guery Philippin de cette vieille impression : mais en fin les diuerses parties de chasse luy firent bien cognoistre que cela ne se faisoit pas sans dessein, & les frequentes visites de Vaupré luy firent cognoistre le feu par la fumee, la beste par le pied, & si tard que le mal estoit quasi sans remede. D'autre cofté Philippin eftoit en d'extremes agonies (car la voye des peruers eft femee de mille trauerfantes efpines) parce que tout fembloit contrarier à fes defirs. La rufée Ifabelle qui vit bien qu'elle l'auoit remis en fes filets, & qu'elle le tenoit en fa geole par vne accortife autant pleine de foupleffe, que la pauure Elife auoit de fimpleffe, fait femblant de ne cognoiftre pas ce qu'elle n'apperçoit que trop clairement, & par des fuittes feintes & eftudiees elle aiguife le defir qu'a Philippin de l'aborder; induftrieufe Galatee qui attire en fuyant, & fe cache en fe laiffant voir. Car allant tantoft à Belleriue vifiter Elife, tantoft eftant veuë par Philippin à Vaupré, c'eft toufiours en la preseéce ou de fa féme, ou de fon pere, ou de fon frere, qu'elle luy parle; ce qui eftoit vne extreme gefne à ce paffionné. Cette vaine fille faifoit gloire de le tourmenter, sans luy donner aucun moyen d'exhaler vne seule estincelle de ce grand feu qu'elle allumoit en sa poictrine: iugez de la malice de cette creature. Voila vn Tantale accablé de soif au milieu des eaux; & pareil à ce Page d'Alexandre, il est contrainct en bruslant de se taire: Il a beau parler des yeux, langage que cette fille a autrefois entendu, mais qu'elle feint d'ignorer par vne surdité d'autant plus grande qu'elle est affectée. Le bien de Philippin est son mal; car cette liberté de voir ce qu'il desire redoublant sa passion le faict perir d'vne muette & languissante douleur auprés de l'object qui la cause. Toute son estude est de faire sçauoir à cette malicieuse le renouuellement de ses anciennes flammes, mais de telle façon que ny Elise, ny Pyrrhe, ny Herman, n'y voyent rien: tous sont clairs-voyans comme des aigles ; la ialoufie d'vne femme n'eſt pas peu redoutable, la valeur & le courage de Pyrrhe & d'Herman ne luy ſont pas incogneus, quoy que ſes Vaſſaux ils ſont Nobles & Gentilshommes remplis d'honneur, & qui pluſtoſt que d'en r'abatre vn ſeul brin perdront dix mille vies. O combien il eſt vray que les meſchans cheminent par des voyes rabotreuſes, ſcabreuſes & difficiles, & que l'on acquiert bien de la laſſitude en la route de l'iniquité. Si vne fois ſa recherche eſt apperceuë de tant d'yeux qui l'eſclairent, tout eſt perdu, ce ne ſera que tempeſte au dedans, qu'orage au dehors ; s'il regarde la fin de ſon iniuſte pretenſion, ce n'eſt qu'vn naufrage aſſeuré de ſa reputation, & peut eſtre de ſa vie : car ſi Elise s'en auiſe, adieu l'amitié & la paix ; mais c'eſt de quoy il ſe ſoucie le moins ; ſi le pere ou le frere s'en apperçoiuent, il n'y a plus de

de frequentation ny de visites, plus
de deuoir, ny de recognoissance; c'est
vne querelle qui luy mettra sur les
bras toute la Noblesse du voysinage,
& qui le rendra odieux à Sceuole & à
toutes les personnes qui cognoissent
les excellentes vertus de son Espouse.
De r'auoir aussi sa raison, il n'y a point
d'apparence; elle est trop auant dans
la meslée; sa Passion luy tient le pied
sur la gorge, elle est precipitée, elle est
perduë, il est tout à fait desorienté: de
dissimuler son mal, c'est chose qu'il
ne peut dauantage sans mourir; &
mourir sans s'oser plaindre ou sans le
faire sçauoir à qui en est le motif, c'est
à quoy il ne se peut resoudre. Voyla
nostre Ixion sur la rouë: tant il est
vray, que l'esprit desordonné est bou-
reau de soy mesme. Il a beau regler
ses actions & ses mouuemens, il perd
contenance à l'aspect du Basilic dont
le regard le tuë; son esmotion qu'il

L

ne peut empeſcher, le trahit. Il luy parle aſſez, mais non pas aſſez ; aſſez par la bienſeance, mais non pas aſſez, car ce n'eſt pas de ce qu'il luy voudroit, & qu'il ne peut, ou qu'il n'oſe luy manifeſter : elle le voit pourtant & en faict l'ignorante: apprenez la fineſſe des filles par celle cy. Tellement que noſtre paſſionné ſe meurt d'vne maladie obſcure & cachée au milieu de toutes les commoditez & de tous les remedes que l'opportunité ſemble luy preſenter. En fin il faut que l'apoſtume creue; ce qu'il ne peut impetrer de ſa langue il l'emprunte de ſa plume; laquelle truchement de ſes péſees, qui ne peut rougir, fait entendre à l'artificieuſe Amazone ce qu'elle ſçauoit deſia. Mais comme elle aymoit l'honneur & eſtoit ialouſe de ſa reputation, elle émouſſa contre le Roc d'vne chaſte reſolution ces premieres poinctes, faiſant reboucher toutes ces attaintes deuant le bouclier impenetrable d'vne saincte rigueur. La gloire de captiuer vn si grand courage ne laissoit pas de la flatter, gloire secondee d'vne secrette ioye qu'elle auoit de se voir en main vn si beau moyen de se vanger du tort qu'elle croyoit que Philippin luy eust fait de la quitter pour vne autre de moindre beauté : & comme il ne faut à l'Archiméde infernal qu'vn poinct hors de la terre pour enleuer toute la terre, ce fut par cette specieuse porte de la vengeance qu'il glissa dans l'ame de cette fille le cheual Troyen, & le funeste flambeau qui mit toute sa reputation en cendre. Que faittes vous Isabelle, au lieu de r'enuoyer ces pacquets vous les receuez, vous les recelez : vous n'en donnez aucun aduis à vostre pere, ny à vostre frere : ha ! ce n'est pas-là le train d'vne fille bien sage, laquelle comme vne mere perle ne doit estre ouuerte que pour receuoir les rosées du Ciel, ny entendre à d'autres recherches qu'à celles d'vn legitime mariage, encores auec la permission de ses parens. Vous cacherez donc des serpens dans vostre sein, & puis vous vous plaindrez d'en estre picquée mauuaisement; vous y introduirez les larrons, & vous vous lamenterez de leurs brigandages; vous y mettrez le feu, & vous vous estonnerez s'il vous brusle: où est vostre prudence Isabelle? ha! ie voy bien ce que c'est, vous estes de la bande infortunee de ceux qui ne sont sages que pour mal faire. Cependant puisque vous parlementez, vous minutez de vous rendre, vous vous trahissez vous-mesmes en capitulât auec vn traistre: & côme si vous estiez d'accord auec luy de vostre ruine, vous luy aydez à rendre inuisible à vos parens ce qu'il ne veut rendre visible qu'à vous. Pauure Rahab, vous retirez les espions qui seront cause de la destruction de vostre Renommee. O filles bien auisees, apprenez par la faute de cette miserable (puisque les mauuais exemples engendrent les bonnes mœurs) à rejetter ces petits billets, qui sont autant de chaisnons pour mettre vos cœurs en seruitude; & à donner la chasse à ces renardeaux, qui ne font que demolir ces beaux pampres qui vous rendét honorees & estimees. L'abusante Isabelle deuient abusee, & de seduisante seduite: iuste punition de son dol & de ses ruses. Elle presta les yeux & le cœur, & en fin les oreilles & le consentement aux escrits & aux discours de ce pipeur Philippin: & aydant elle-mesme par sa sottise à filer le cordeau qui la deuoit trainer à sa honte, elle escouta ce charmeur, qui la cajolla si bien qu'il resucilla en elle ce que le desdain n'auoit qu'endormy, & non pas tué, couuert, & non pas esteinct. Il colore sa recherche d'vn masque d'honneur, pour luy faire par cette feüille d'or aualler l'amertume de sa pillule d'absynthe: proteste qu'il la tient pour son Espouse legitime, dict qu'il fera declarer nul le Mariage d'Elise, n'ayant que trop de moyens de preuuer la contrainte de Timoleon, comme elle celle de Pyrrhe; que les declarations contraires à leurs premieres promesses ont esté tirees de leurs plumes, non de leurs cœurs; que la violence y est notoire. A ces rayons d'apparente raison Isabelle r'allume ses premieres ardeurs, mettant comme du temps de Nehemie le feu dans la boüe.

Desia son premier feu se rengrege en son ame,
Elle sent les eslans de sa premiere flame.

La grandeur flatte son courage, qui est haut, l'honneur qu'elle pense conseruer par vne iuste alliance l'esbranle fort: mais en fin l'Amour la gaigne tout à faict, car quoy qu'elle dissimulast, par vne proprieté assez commune à son sexe, iamais l'impression de Philippin ne s'estoit entierement effacee en son ame; ny par le despit, car son affection ayant tousiours esté plus forte que l'outrage; ny par vn autre obiect, car apres auoir failly à vn si haut dessein que le premier, toutes les autres recherches luy auoient esté desagreables, & son desdain si vniuersel auoit escarté plusieurs partis; ny par l'absence, car parmy les diuertissemens de ses exercices tousiours cette Idee nageoit en son imagination: De sorte qu'il luy fut aysé de se laisser persuader, sa propre inclination emportant sa creance. Le fard ne peut pas durer long-temps, à la premiere sueur il tôbe d'vn visage qui en est encrousté: le feinct despit, l'apparente rigueur, l'artificieux desdain, l'affeté mespris de cette fille ne peut pas se maintenir longuement; car ce qui est contrefaict n'a pas de solide subsistance: c'est de la neige deuant le Soleil. Apres auoir attisé le feu de Philippin par mille reproches, en fin il sauta vne estincelle de tant de braise qu'elle auoit allumé, dedans son propre cœur, qui l'embrasa ellemesme. Il arriue ordinairement que ceux qui lâcent des feux artificiels s'y bruslent les premiers, & que voulans endommager autruy ils se perdét. L'abeille ne picque iamais qu'elle ne laisse l'aiguillon dans la playe, & en perdant son aiguillon elle demeure blessee à mort. Le feu d'Amour est de telle nature, que qui le veut donner, en prend; c'est vn ieu où qui veut prendre est pris.

Enfans fuyez de là, le serpent est sous l'herbe.

Il est mal-aysé de donner de l'amour sans en receuoir; c'est vn or si fin, qu'il en demeure tousiours entre les doigts de celuy qui le distribue. Les cœurs humains sont de naphthe à ce feu, & les plus grands courages sont les premiers abatus sous cette violence, qui ayant toute sa force en sa douceur, faict que l'on ne treuue rien de si doux que cette force. Il fut aysé à Philippin de tromper les yeux de sa femme, de Pyrrhe & d'Herman, estât d'intelligence auec Isabelle. Il pense estre au dessus des nuées, & il est enfoncé dans le bourbier d'vne sale cloaque. Cette superbe fille aymé l'honneur, & ne se rendra iamais à sa mercy que sous l'espoir d'vn futur mariage. Il la presse, agité de la vehemence de ses infames desirs; mais d'autre part elle le presse de rompre auec Elife, autrement qu'il n'efpere rien d'elle que des rigueurs & des mefpris. Voila Philippin en d'eftranges conuulfions: comment rompra-t'il fes facrez & vertueux liens pour fatisfaire à fes appetits effrenez, & à la tyrannie de cette imperieufe Maiftreffe? Il faut que cette mine iouë par vn prodigieux efclat; il luy faict des foumiffions extraordinaires, qui ont de l'Idolatrie; pour tout cela il n'auance rien; il iure, il protefte, il promet; mais les feconds fermens font rebutez par l'exemple de la nullité des premiers : il paffe aux promeffes efcrittes, Ifabelle les reçoit; mais pour cela il ne va point plus auant dans les terres de fon honneur: que fera-t'il à cette inflexibilité, il fe refoult de venir aux extremitez, & de repudier Elife, la chaffant honteufement de fa maifon, violant auffi barbarement les loix de l'Amitié, que

LIVRE III. 171

brutalement il se laissoit emporter au torrent d'vne passion qui le precipitera aueuglement dans vn malheur irremediable. Il voit tous les iours Isabelle, & auec tant de destours que luy fournit la ruse de cette fausse femelle, que ses parens voyent leurs entretiens sans s'apperceuoir de leurs pratiques, renuersans par leurs artifices ce mot de l'Oracle de Verité, que celuy qui fait mal hait la lumiere; car à la face du Soleil & des hommes ils minutent leurs meschancetez. Le cruel & aueuglé Philippin commence à traitter auec tant d'inhumanité l'innocente Elise, que ses insolences & ses indignitez ne sont plus supportables à vne femme d'honneur; elle desire sçauoir le sujet d'vn traittement si rude; & plus elle s'en enquiert plus, il le luy cache; tout ce qu'elle faict pour luy cóplaire luy desplaist, sa presence luy est si odieuse, qu'il ne la peut plus souffrir. On dit que les Tygres s'aigrissent de la Musique; Philippin est de cette humeur, la douce harmonie des vertus de sa femme le rend plus sauuage & farouche: Desia il luy fait entendre qu'il ne la cognoist point pour sa femme, que la violence de Timoleon l'a contrainct de l'espouser, qu'il n'a que faire de ses richesses, qu'elle les reprenne & s'en aille, que sa maison est assez grande sans son ayde: il luy reproche son lignage inegal au sien, la bassesse de ses parens, sa mauuaise mine: il appelle ses caresses des tromperies; en somme il ne la nourrit que de fiel, ne l'abreuue que de vinaigre; & sur des sujets de neant il se met en des choleres excessiues, de là à des menaces de la tuer, si mieux elle n'ayme consentir à sa repudiation. Imaginez-vous si Elise pour habile qu'elle fust auoit assez de pa-

LIVRE III.

tience pour souffrir tant d'affronts: elle est compagne, & on la traitte en esclaue; elle a releué cette maison par ses biens, & on luy dict qu'elle la rauale: l'estat de sa grossesse ne vous fait il point de pitié? elle endure neātmoins ces opprobres, ces iniures, ces menaces auec vne prodigieuse mansuetude, sans repliquer vn seul mot, pour ne ietter de l'huile sur le feu par vne contestation, aymant mieux l'esteindre par l'eau du silence. Ny pour cela s'accoise ce Barbare (car comme voulez vous que i'appelle le forcené Philippin) il la tourmente horriblement, estant comme vne furie domestique attachee au collet de cette innocente: en fin l'Affliction qui donne de l'intelligence aux oreilles plus sourdes, & qui comme vne poudre mordicante, & comme vne eau forte ronge les tayes les plus espoisses, luy ouurit le secret de ce mystere,

& la fit penetrer dans la cachette des tenebres, & dans le conseil du cœur peruers, cause de son malheur. Elle entre en elle mesme, visitant la Hierusalem de son interieur auec des lápes, c'est à dire auec vn serieux examé; & ne se treuuát coulpable de rié, elle voit que le change de Philippin luy cause ce trouble. Mais elle ne s'aduise que trop tard des pratiques d'Isabelle; elle se plaint à Sceuole & à Sophie du traittement de son mary, qui ne se pouuoit plus supporter; elle auertit sous main Pyrrhe & Herman de prendre garde aux deportemens de cette fille; Pyrrhe declare franchement cet auis à Philippin, lequel sçachant d'où il venoit s'en mocque deuant ce pere, disant que c'estoit vne ialousie de sa femme, à qui tout faisoit ombre : mais il en conçoit vne telle fureur, que l'allant treuuer (chose indigne d'vn Seigneur de sa qualité) il la frappa vilainement, apres auoir vomy contre elle tous les outrages que sa passion luy suggera: ce qui saisit tellement cette pauure Dame, qu'elle en pensa mourir sur le champ, trop heureuse si ce desastre luy fust alors suruenu, sans estre reseruée à vne fin plus tragicque & ignominieuse. Cependant Isabelle triomphe de tous ces debats, & ce sont les combats qui luy promettent la victoire: miserable qui semes des pommes de discorde en ce loyal Mariage, troublant la plus belle serenité qui se peust imaginer. Vne chose la trauerse, c'est que l'auertissement d'Elise rend son pere & son frere plus attentifs sur ses deportemens, dont elle est en vne angoisse desmesurée; ils la tiennent de prés, craignant qu'elle ne leur eschappe: mesmes voyant ses equipées trop caualieres pour vne fille, ils minutent de l'enuoyer loing de

Vaupré chez vne de ses tantes, femme beaucoup plus seuere que Valentine, & où elle n'aura pas la liberté qu'elle possede en la maison paternelle: cela la fait haster de mettre la fin à son dessein, & de presser la repudiation d'Elise: à quoy Philippin par ses persuasions est tout resolu. Pourquoy filay-ie si long-temps ce funeste cordage? hastons nous à ce mauuais pas. Elle auertit Philippin que l'on la veut escarter de luy, voyage qu'il estime le tombeau de ses contentemens, & la ruine de ses pretensions: il la coniure de se rendre à Belleriue, que son entree chez luy sera l'expulsió d'Elise, laquelle il r'enuoyera chez ses parens auec le libelle de repudiation; si bien que faisant declarer son Mariage nul, il n'aura iamais d'autre Espouse qu'elle. Cette fille ouure l'oreille à cette persuasion, & bannissant la raison de chez soy, elle

elle essuye la honte; & faisant banqueroute à l'Honneur, elle ne pense qu'à triompher de la ruine d'Elise, sur l'exil de laquelle elle minute d'eriger le trophée de ses contentemens. Ce qui est vne feinte chez le plus grand des Poëtes Romains, touchant cette chasse en laquelle se consuma l'Hymen clandestin de la Royne de Carthage auec le beau Troyen, est vne verité en cette Histoire; car vne partie se dresse pour courre le Cerf, où Philippin prit vne Biche, se laissant prendre luy mesme Serf & esclaue de ses sales desirs. A dessein Isabelle se perd dans les bois; & se perd doublement, & d'honneur & de corps; mais Philippin treuua l'vn & l'autre; & tous deux se perdirent en se treuuant.
Ce iour fut le premier cause de leur ruine,
Et de tous leurs malheurs la premiere origine.

Hermā qui l'auoit cōduite à l'assēblee

M

troublé de ce fouruoyement n'en augura rien de bon ; au retour il l'en tance, mais elle plus fole que iamais de Philippin, y eſtant ſi fort engagée qu'il falloit mourir en la peine ou acheuer le Mariage, ſans declarer à ſon frere ſa faute, luy decele ouuertement les intentions qu'elle auoit d'eſpouſer Philippin apres qu'il auroit fait rompre ſon Mariage auec Eliſe. Herman luy remonſtre que c'eſt vne pure folie de penſer à cela, toutes les ceremonies requiſes pour vn legitime Mariage ayans eſté obſeruees, de plus ayant eſté conſumé, & ſi bien, qu'il y en auoit vne fille, & Eliſe eſtoit enceinte ; la conjure d'oſter cette penſee de ſon eſprit ; mais il n'eſtoit plus temps, cette fille comme vn aſpic bouchant à ce ſage conſeil l'oreille de ſon conſentement. Il faut mourir ou acheuer. Herman l'y voyant ſi determinee craint quelque chose de sinistre, presse son pere d'escarter sa sœur, & de l'enuoyer chez sa tante, sans luy dire pourquoy; mais pluſtoſt rejettant cet aduis ſur les trop frequentes visites de Philippin, qui ne pouuant eſtre euitees à cauſe de ſa qualité, feroient parler le monde. Pyrrhe s'y resoult, & commande à ſa fille de ſe preparer à ce voyage, luy alleguant quelques autres legeres conſiderations : mais elle en va bien faire vn autre, car vne nuict eſtant montee à cheual elle ſe rend à vn lieu où l'attédoit l'inſenſé Philippin, qui la meine comme en triomphe à Belleriue, la mettant en la meſme poſſeſſion de ſa maiſon qu'elle l'auoit de ſon cœur. Le matin comme Pyrrhe alla à ſa chambre pour la diſpoſer de partir, Herman deſtiné pour la conduire ayant faict preparer l'equipage, il y eut bien du bruit quand on ne la treuua plus; on ne sçait ce qu'elle est deuenuë. Herman qui s'en doute dict franchement à son pere qu'il croit qu'elle se sera laissee enleuer par Philippin. Quelle allarme en cette maison, quel assaut au cœur de ce pere: il s'arrache la barbe, & se dict malheureux d'auoir mis au monde vne telle fille, estimant heureux ceux qui ne sont point chargez d'vne marchandise de si difficile debit & de si mauuuaise garde. Il se rend inconsolable en la douleur de cette perte; car il craint plus de la retreuuer sans honneur, que sans vie. La conjecture d'Herman ne se rencontre que trop veritable; Isabelle est à Belleriue entre les mains de Philippin. C'est la mode abominable de la France, & sur tout de cette Prouince dont ie parle, dés le moindre tort, parmy les Gétilshommes, d'appeller en duel: sans s'informer autrement des particularitez de cet enleuement, Pyrrhe enuoye par Herman vn billet à Philippin, le priant de le voir l'eſpee à la main pour luy faire raiſon de ſa fille enleuee, & d'amener vn ſecond qui en aye à ſon fils. Philippin pour eſtreines de ſes nouuelles nopces reçoit ce papier de ſang; ſon courage luy cómande d'aller, mais ſa conſcience qui le remord luy donne de la crainte; l'Amazone en a la communication, qui s'offre (impudente & deſnaturée qu'elle eſt) de ſeconder Philippin contre ſon propre frere, & contre ſon pere meſme, s'il eſt beſoin; tant il eſt vray qu'vn abyſme en appelle cét autres: mais Philippin plus reſerué que cette forcenée touché d'vne ſecrette horreur de cette propoſition, reſpond à Herman qu'il n'entend pas de tenir Iſabelle dans ſa maiſon comme concubine, mais comme ſa legitime Eſpouſe, eſtant reſolu de r'enuoyer Eliſe, & de faire

M iij

declarer nul son Mariage auec elle; suppliant Pyrrhe d'accoiser vn peu sa cholere, & de considerer que ce qu'il estimoit vn deshonneur pour sa maison estoit le plus grand honneur & le plus haut auantage qu'il pouuoit esperer pour sa famille : qu'il ne vouloit pas sur vne legere promptitude ensanglanter ses mains du sang de celuy qu'il honoroit desia comme son Beau-pere; & embrassant Herman en qualité de Beau-frere, il le sceut si bien cajoller qu'il le renuoya vers Pyrrhe auec ces protestations. Pyrrhe furieux comme vne Tygresse à qui l'on a enleué la littee ne peut au commencement gouster ces excuses, demande sa fille, promettant de la donner quand la repudiation d'Elise sera auctorisée par la Iustice, & ce Mariage declaré illegitime & forcé. Herman retourne à Belleriue, mais Isabelle ne veut point ouyr parler de ce retour; de façon que la faute estant toute sur elle, son pere & son frere sont contraincts d’adoucir leur mescontentement contre Philippin, ce rapt ayant esté volontaire de la part de la fille. Mais tandis qu’ils maschent leur frein contre leur seigneur feodal, que deuient la pauure Elise? sans se le faire commander plus outrageusemét elle minute son depart, car comme l’on ne peut seruir à deux maistres, moins peut vn hóme auoir deux fémes: l’Arche & Dagon sont incompatibles, le iuste auec l’iniuste: l’adultere & la legitime ne se peuuent associer au Royaume de la Volupté, dict vn Ancien, la vertu ne peut subsister, vn cloud chasse l’autre: icy au rebours de Iacob & d’Esau la reprouuee supplante l’Esleuë, les tenebres surmontent la lumiere, & le vice triomphe orgueilleusement de a probité. Sara & Isaac sont chassez de la maison par l'insolente Agar. Enfin Elise par vne cruauté inouyë sans pouuoir dire le dernier adieu à son cher Philippin, se voit auec sa fille Dalimene chassee honteusement de Belleriue, & conduitte brusquement par des satellites executeurs des passions de son mary en la ville de sa naissance, où toute accablee de douleur elle s'alla refugier entre les bras de ses parens. Icy se voit executer à la lettre ce que dict le Psalmiste, tandis que l'impie s'enorgueillit le pauure est en angoisse, tandis que l'innocence gemit la coulpe est en gloire, & tandis que la colombe souffre l'aigle rauissante voltige dans les airs de sa vanité. Isabelle comme cette Royne de Carthage estant de retour de la campagne, ne va plus meditant auec Philippin des accointaces desrobees, faisant parade de sa confusion elle appelle cette informe pratique Ma-

riage, tiltrant du nom honorable de Nopces le miserable flambeau de son impureté. Philippin mesme la tient & l'appelle sa femme:
Le nom de Mariage à son crime imposant,
Et d'vn tiltre sacré son erreur desguisant.
Et pour acheuer de combler la mesure de son insoléce & d'accabler de calamité l'innocente Elise, ne voyla pas que pour se couurir d'vn manteau d'equité il publie par tout sa côtrainte de l'espouser, & par consequent la nullité de son Mariage. Car si la volonté forcee n'est pas volonté, & si c'est le consentement volontaire qui faict le nœud du Mariage, ce fondement sapé qui ne voit que ce qui a paru Mariage ne l'est pas? Voila les raisons apparentes dont se flatte ce ieune Seigneur, enyuré de la nouuelle passion qui le domine. Il employe Herman, resmoin de ses premieres promesses, pour rompre ses secon-

des; à quoy ce frere d'Isabelle s'employe auec vn soin qui ne regarde plus tant l'auantage comme la conseruation de l'honneur de sa maison, car sa sœur a franchy inconsiderément le pas de la honte, & permis ce qui n'est ny loysible ny honneste que quand vn Mariage est solemnellement contracté à la face de l'Eglise. Mais le sage Sceuole qui a toute la prudence du Droict dans son esprit, & qui d'abondant est pour sa probité & pour sa suffissance fort auctorisé dans sa Compagnie, sçait bien desmesler cette fusee, & en soustenant l'honneur de sa fille & de sa maison faire declarer par l'vne & l'autre Iustice, spirituelle & temporelle, les premieres promesses de Philippin & d'Isabelle clandestines & nulles; leurs restitutions valables; leurs renoncemens authentiques ; & les nopces d'Elise auec Philippin validement cõtractees, & tant la petite Dalimene que le fruict dont Elise estoit grosse legitimes heritiers de l'vn & de l'autre. Par ces sentences irreuocables, par ces arrests du ciel & de la terre, Herman demeura confus en sa poursuitte, Philippin descheu de ses iniustes pretensions, Isabelle mocquee & la fable de tout le pays: Pyrrhe voyant que par cette legereté de sa fille sa maison auparauant, sinon auantagée des biens de fortune au moins riche de gloire, estoit toute couuerte d'opprobre & d'ignominie, ne pouuant contenir sa cholere dedans sa patience, se resoult de lauer cette honteuse tache qui le deshonore dans le sang des complices, & faisant derechef appeller Philippin il se voit mesprisé comme Vassal, & sa qualité de Gentilhomme rejettee, auec vn affront tout à fait insupportable à vn grand cœur comme le sien.

L'effrontee Isabelle renduë endurcie par l'impenitence faict parade de sa faute, & se resioüit en son mal, rejettant la perte de sa cause non sur la iustice d'Elise, mais sur la faueur & l'auctorité de Sceuole ; se faict appeller du tiltre de la maison de Philippin, qui ordóne à ses subjets de la tenir & de l'honorer comme sa femme: ainsi se verifie ce mot de la Verité mesme, que l'impie estant arriué au profond de sa malice mesprise & l'honneur & les loix. Pyrrhe outragé cruellement & par le mespris de Philippin, & par l'insolence de sa fille, & par la mocquerie de tous ses voysins, ne pouuant digerer toutes ces indignitez, entre en vne rage desesperee, & se determine de sortir plustost de la vie que de la trainer auec tant d'ignominie. Philippin se tient sur ses gardes, & grandement assisté selon sa qualité eminente se rit de ces petits Gentilshom-

mes qui ne font que roder aux enui-
rons de fa maifon pour luy faire vn
mauuais tour ; ne plus ne moins
qu'vn gros limier d'attache defdai-
gne l'abboy de ces petits chiens qui
clabaudent autour de luy. Mais auerty par fes amis de fe garder d'vne fur-
prife ou de quelque trahifon, celuy
là eftant maiftre de la vie du plus
grand Monarque du monde qui veut
mefprifer la fienne; ne voulant plus
viure entre les efpines de ces agonies,
il fe refout de changer d'air, & d'emmener Ifabelle à Montd'or: le lieu eft
affeuré, la demeure efcartee, il croit y
couler fes iours auec plus de tranquillité : mais comme celuy que la mer
rend malade a beau paffer de la nef
en l'efquif, & celuy qui a la fieure dãs
les veines change inutilement de lict;
ainfi la mauuaife cófcience porte par
tout la terreur quant & foy, la crainte la fuit, & la deffiance, cóme l'om-

bre le corps. Les coulpables peuuent bié estre en lieu de seureté, dit vn sage Ancien, mais non en asseurance, car ils voyent tousiours le couteau de la vengeance diuine ou humaine pendu & voltigeant sur leur teste; leur sommeil est troublé de mille visions effroyables, comme s'ils auoient beu du suc de l'herbe appellee Ophinsa. Leur propre esprit leur sert de bourreau, plus tourmentez de l'horreur du supplice & de son attente, qu'ils ne le seroient d'vn effect passager. Ny pour cet esloignement la rage de Pyrrhe secondé en tout ses desseins par Herman son fils, se peut accoiser: ce sont des taons importuns qui bourdonnent en menaces & en inuectiues autour des oreilles de Philippin; des guespes fascheuses qui ne se promettent rien moins que de le picquer à mort, estimans auoir lieu d'oster la vie à qui leur a rauy l'honneur. Ils font autour de Montd'or mille secrettes menées, ils marchent accompagnez de gens incogneus, resolus de manger ce peu qu'ils ont de bien apres cette querelle : aux plus grands les moindres ennemis sont redoutables : il ne faut qu'vne petite vipere pour abatre vn grand taureau: s'ils eussent voulu se retirer, il leur eust faict fort volontiers vn pont d'or; mais ces sangsues alterees de son sang ne se veulent destacher de sa poursuitte que par sa vie, laquelle il n'est pas resolu de leur abandonner. O que grande est la multitude des fleaux qui enuironnent le tabernacle du pecheur. Ce miserable se voit possedé au dedans par vn demon domestique d'autant plus dangereux qu'il le tient pour vn Ange de lumiere, adorant sa prison & ses fers, & obsedé par le dehors de ces furies vengeresses qui sont comme cousuës à son collet, & dont il pense tousiours auoir le couteau dans la gorge. Voyla que c'est de seruir des Dieux esträgers, & de s'abädonner à des passiös illicites, qui font vne guerre sans treûe, & qui ne donnent aucun repos ny la nuict ny le iour: O combien c'est vne chose deplorable & amere de delaisser le train de la vertu; & combien celuy là est il asseüré de son naufrage qui a perdu la Tramontane de la grace de Dieu!

Tel est le triste estat de celuy qui mesprise
Et la loy du Seigneur & celle de l'Eglise,
Soy mesme estant son Dieu, son Eglise, &
 sa loy,
Sa plus parfaitte ioye en douleurs est fe-
 conde,
Et bien qu'il semble auoir son Paradis au
 monde,
Si a-t'il malheureux son enfer quant & soy.
 Le ver qui dans le cœur nuict & iour le
 consume,

Tourmente

LIVRE III.

Tournant tous ses plaisirs en dolente amer-
tume,
Luy faict auec horreur regarder le Soleil,
Et plein d'vn desespoir qui sans cesse l'ou-
trage
Il voit à tous moments l'espouuantable
image.
De l'eternelle mort errer deuant son œil.
  Ny pompe, ny grandeur, ny gloire, ny
puissance,
Ne sçauroient destourner le glaiue de ven-
geance
Pendant dessus son chef, des mains de l'E-
ternel,
De qui l'ineuitable & seuere iustice,
Faict qu'il est à toute heure en vn mesme
supplice,
Tesmoin, iuge, & bourreau, non moins que
criminel.
  Non, les fiers Aquillons de leur venteuse
haleine
Ne promenent pas mieux sur le dos de la
plaine

La paille rencontree au champ du labou-
reur,
Que Dieu le pourſuiura ſur le front de la
Terre,
Si iamais ſon pouuoir luy declarât la guerre
Change ſa patience en ardante fureur.
 Puis quand viendra le iour, le iour eſpou-
uantable
Où les peuples iugez par ſa bouche equita-
ble
Seront de leurs forfaits eux-meſmes dece-
leurs,
Alors le miſerable enuoyé pour paſture
Au feu qui ſert là-bas aux ames de torture,
Pay'ra ſes courts plaiſirs d'eternelles dou-
leurs.
 Car le Seigneur eſt Iuſte autant que De-
bonnaire,
Et ſa ſainéte equité paye à tous le ſalaire
Que meritent leurs faiéts, ſoient cognus,
ſoient cachez,
Encor que moins enclin aux peines qu'à la
grace,

Tous les iours sa bonté nos merites surpasse,
Et iamais sa rigueur n'égale nos pechez.

Ces belles paroles du Psalmiste ainsi estenduës par vne des riches veines de nostre France, sont comme vne peinture Prophetique, & de la condition malheureuse où est maintenant nostre Philippin, & de celle où ses fautes le reduiront: car d'vne vie desbordee que peut-on attendre qu'vne fin desastree? Ne diriez vous pas que la Misericorde de Dieu luisante sur les traicts de sa Iustice l'appelle par ces perplexitez où il se treuue reduit, à resipiscence? Mais ce Pharao endurcy pour toutes ces playes ne se conuertira point, ains perseuerant en son train abominable il mourra en son peché, enseuely dans la mer rouge d'vn sanglant trespas. Neantmoins encores obtient-il vn respit pour combler la mesure de sa peine par l'excés de sa

N ij

coulpe; car apres auoir en vain imploré la Iustice des lieux pour le deliurer des poursuittes de ce Pere & de ce fils coniurez à sa ruine, par les mesmes armes qu'il vouloit employer pour sa defence, il pésa estre attaqué, d'autant que Sceuole se meslant de la partie conseilla à Pyrrhe de declarer qu'il n'en vouloit pas tant à Philippin comme à sa concubine, qu'il auoit interest de retirer comme sa fille, pour oster le scandale & l'opprobre de sa maison : ainsi Philippin se vit auec ses ennemis, la Iustice sur les bras, qu'il auoit imploree pour sa defence : qui ne voit en cela vn iuste iugement de Dieu? Ce seul Amant aueuglé ne le recognoist pas, tant est fort l'enchantement qui l'ensorcelle. Isabelle outree de despit de se voir ainsi poursuiuie, & si honteusement qualifiee par son pere, perdant tout respect & toute amitié filiale & fraternelle, conseille à Philippin de faire vne assemblee de ses vassaux & de ses amis, & de mettre tous ses contrarians en pieces: mais, comme disoit vn ancien Iurisconsulte à vn Empereur, il est plus aisé de commettre vn parricide ou vn adultere, que de le defendre: ces crimes ne se iustifient pas si aisément comme ils se pratiquent facilement: il y a peu de vrais amis qui vueillent mettre leur vie, leur honneur, & leur bien au hazard pour vne si mauuaise cause: quand il est question d'attaquer la Iustice du Prince, l'on y pense plus de trois fois: les autres crimes estans particuliers sont plus graciables, mais celuy qui est public & de leze Majesté, selon les reiglemens des meilleurs Politiques, doit estre irremissible; c'est vne lascheté que le pardóner, & vne impieté d'estre pitoyable en cela; ceux qui le commettent doiuent perir par exemple. Aussi n'y a-t'il pas vn des voisins de Philippin qui le vueille seconder en vne entreprise si desraisonnable, si perilleuse, si ruineuse: au contraire ils deplorent sa fureur, ils plaignent la misere d'Elise, & detestent Isabelle comme vn Monstre cause des malheurs de ce ieune Seigneur & de la decadence de sa maison, par l'impossibilité de se vanger, & de repousser la force par la force, redoutant mesme que cette querelle s'eschauffant Sceuole ne prist occasion de là de le persecuter, il se voit contraint à vne honteuse capitulation, reuenant derechef aux prieres & aux soumissions vers Pyrrhe, luy promettant de le desdommager de toutes ses poursuittes, & qu'ayant esté battu & pressé il payeroit encores l'amende, procurant l'auancemét d'Herman, & protestant d'appeller à Rome de la Sentence qui auoit cófirmé son Mariage auec Elise, & de faire tous ses efforts pour le rompre; luy iurant de n'auoir iamais autre femme qu'Isabelle, qu'il tenoit dés lors pour son Espouse legitime; ordonnant à ses subiets par toutes ses Seigneuries de la tenir en cette qualité. Il vit Herman en secret, sur l'esprit duquel ayant quelque ascédant, aydé encores par les larmes & les supplications de sa sœur, il gaigna tant qu'il le porta à faire agréer cette resolution à son Pere, lequel sur cette esperance qui mettoit aucunement son honneur à couuert s'en retourna à Vaupré, laissant Philippin en paix à Montd'or. Mais nous verrons à la fin que ce ne fut qu'vne paix fourree, selon ce mot du Sage qui dit, que les meschans disent souuent, Paix Paix, où il n'y a point de Paix. Tandis qu'il respirera dans ce miserable interuale, i vn homme agité de mille frayeurs au dedans peut auoir du repos, encor que deliuré des combats de l'exterieur. Nous prendrons le temps d'aller à la ville voir ce que faict Elise: auſſi bien les longueurs des formalitez de la Iuſtice Eccleſiaſtique, en ces appellations, à cauſe de la diſtance des lieux, nous en donnent le loyſir. Elle vit doncques retiree chez ſon Pere, ſous l'aiſle de Sophie ſa mere auec autant de docilité & d'obeiſſance que quand elle eſtoit fille: O! ſi elle n'euſt temperé les bouillons du courtoux de ſon pere contre Philippin, que n'euſt il faict pour ranger à ſon deuoir ce gendre deſbauché. Voyez qu'elle eſtoit bonne, d'empeſcher que l'on ne procuraſt du mal à celuy qui l'auoit & ſi cruellement & ſi hōteuſement traittée: mais peut eſtre que ſa bonté n'eſt pas en cela louable, car elle empeſchoit le cours de la Iuſtice, qui reduit quelquefois à la raison les plus desesperez par la crainte du chastiment: tant y a qu'estant patiente, & esperant que ces foles amours passeroient bien-tost en la fantaisie de ce farouche, que tout perdu qu'il estoit, elle aymoit comme sa vie; elle inspira la patience à Sceuole, quoy qu'il eust bien de la peine à souffrir tant d'outrages. Nous auons dict qu'elle estoit enceinte, & parce qu'elle ne nourrissoit ce fruict qui estoit en ses entrailles que de pain de douleur & d'vn breuuage de larmes, il ne faut pas s'estonner si accouchât auant terme d'vn fils il vint au monde sans vie; car le regret l'auoit estouffé dans les flancs de sa mere, Philippin en estant & le pere & le bourreau. Cette deplorable creature pensa traisner quant & soy à la sepulture celle qui la produisoit, trop heureuse Elise si mourât ainsi tu n'eusses point esté reseruee à vn trespas indigne de ta belle vie. Ie laisse à dire les excellentes vertus qu'elle pratiqua durant cet horrible trauail, qui la pensa verser au tombeau; que de sainctes & Chrestiennes pensees souftindrent son courage durant ces assauts; elle receut tous les Sacremens de l'Eglise, auec vne deuotion qui edifioit tous ceux qui la virent en ces actions; leurs cœurs en penserent fendre de pitié; elle demanda mille fois pardon à ses parens outrez de douleur, commettant à sa sœur Leonor le pardon qu'elle demandoit à ce Philippin, dont elle honoroit mesmes les rigueurs au poinct de son extreme agonie. Elle perdoit tant de sang qu'elle pensoit rendre l'ame par cette hemorragie; les Medecins le croyoiét ainsi: mais comme cette langoureuse mort est pluftost lente que violente, laissant le iugement auec vne grande clairté, elle eut loysir de dicter cet te lettre en ces extremitez, qu'elle voulut souscrire de son sang, pour toucher de quelque pitié le cœur insensible de son bien aymé aduersaire: Nous la rapporterons ainsi.

MAintenant que i'ay l'ame sur le bord des leûres preste à sortir de ce miserable corps, qui n'a peu treuuer de grace deuant vos yeux, & qu'elle est sur le poinct de s'enuoler entre les bras bien-aymez de l'Espoux celeste; Permettez, tres-aymé & tres-aymable Philippin, à cette chetiue Elise qu'elle vous ouure son cœur, qui a tousiours esté entierement & inuariablement vostre: & qu'en prenant de vous & du monde l'extreme congé, ie souspire deuant vous par ce dernier adieu ces mourantes paroles. Puis qu'il a fallu apres tant de doux tesmoignages d'amitié, dont la souuenance m'est vne mort en la mort plus cruelle que la mort mesme, que i'espreuuasse du changement en vn courage qui m'auoit tant de fois promis de n'estre iamais capable d'infidelité; il y a long temps que i'eusse cessé de viure, si la loy de Dieu ne nous eust defendu le passage que ie vay franchir auec aussi peu de regret comme la vie, priuee de vostre grace, m'estoit desplaisante. Helas falloit il pour vous auoir honoré si religieusemēt que i'endurasse le traittement qu'eust merité vne infidele? non, ie ne veux point contester auec vous, si c'est auec raison que i'ay senty des effects si contraires à leur cause; car vostre vouloir estant ma reigle & ma raison, faict que contre mon iugement ie veux croire que tout ce que vous m'auez faict rigoureusement ressentir est plein d'equité & de Iustice. Si est-ce qu'examinant ma cōscience sur les debuoirs que i'estois obligee de vous rendre, & ne me sentant coulpable de rien, i'ay pēsé que pour punition de mes autres pechez Dieu auoit permis que vous prinssiez mes respects pour des torts, & mes humilitez pour des outrages. Eusse-ie au moins esté traittee à la forme des forfaicteurs, à qui l'on faict & cognoistre & entendre la cause de leur punition auant que les y conduire; mais i'ay esté frappee du foudre auant qu'en apperceuoir l'esclair, & plustost condamnee qu'oüye. Ce que ie ne dis pas pour me plaindre, de peur que tournant cette plainte en offence ie ne vous blesse, pensant vous satisfaire, en vous demandant treshumblement pardon des manquemens que i'ay faicts à vostre seruice : car bien que mon deuoir & ma condition m'obligeassent à vous en rendre auec toutes sortes d'obeissance & de fidelité, si est-ce que ie vous puis dire auec la franchise & la liberté d'vne personne qui va mourir, que i'y ay plus esté portée par mon amour que par aucune autre consideration ciuile ou respectueuse. Ie pense, & sans vanité, estre la creature du monde qui vous a le plus aymé, & qui ne pense vous auoir donné autre sujet de vous offencer que l'excez de son ardente affection; mais puisque la perfection de l'amour est en l'excez, qui ne voit que cette faute porte son excuse en son

accusation, & qu'en la voulant blasmer ie
la loüe? peut-estre, si elle n'eust point esté si
feruente, l'eussiez-vous estimée dauantage;
mais son extremité vous l'a renduë moins
perceptible; si est-ce que vous l'auez iadis aucunement comprise, mais ç'a esté comme vne
debile vapeur qui se dissipe en s'esleuant, puis
qu'en vn moment elle s'est esuanoüie de vostre souuenance: Las! qu'est deuenu ce temps
là heureux, auquel n'ayant autre soin que
de vous plaire, vous sembliez n'auoir autre
estude que de me complaire; en me rendant
amour pour amour, en quoy consistoit le faiste de nostre felicité. Où sont allez ces beaux
iours ausquels vous ne receuiez contentement que par moy, ny n'agissiez que par
mon conseil, comme ie ne viuois que par vous,
& ne respirois que pour vous estre agreable?
temps & iours trop heureux, & dont le
ioüyr si doux est conuerty par ma memoire
en vn supplice! helas, falloit-il qu'ayant esté
inuariable, ie fusse si legerement changée; & qu'vne fragile beauté fust auec

LIVRE III.

si peu de consideration preferée à vne solide bonté? Mais pourquoy faut-il que ie m'esgare en cette plainte apres auoir faict dessein de l'estouffer en mon ame, de peur de vous desagreer? tout ce que ie crains est que cette lettre ne trouble par la pitié le repos que ma cendre desire contribuer à vos nouuelles flammes: heureuse outre mon merite, si ie puis vous rendre ce seruice par ma mort, de les faire d'iniustes legitimes. De tous mes maux ie n'accuse que mon malheur, ne m'en prenant qu'à mes propres defauts, qui ne meritoient de vous que la iuste hayne dont vous auez poursuiuy mon indignité. Ce qui me console dans le desastre qui m'atterre, c'est que la cause de ma souffrance en allege la rigueur. I'apprehende seulement que ce papier ne souille de quelque ombre de reproche, & de quelque idee d'ingratitude tant de perfections que i'ay tousiours aymees & honorees en vostre personne, pour lesquelles les moins supportables rigueurs m'ont semblé non seule-

ment tolerables, mais douces, mon affection
sucrant leur amertume. Ie ne veux pas vous
representer les douleurs que i'endure, puisqu'elles separent la liaison de mon ame &
de mon corps, mais ie vous puis asseurer
qu'elles me semblẽt bien plus legeres que celles que ie ressentis quand vostre renuoy me
separa de vous; & puis i'ay plus d'esprit
pour les ressentir que pour les exprimer, ce
seroit offencer leurs extremitez de la penser
dire: que si elles se pouuoient reciter, ie ne le
voudrois pas, pource qu'estãs de leur nature
communicables, leur cõtagion pourroit passer en vostre ame par la compassion ; & ie
desire que ma mort vous soit vn suiet de res-
jouissance. Permettez seulement qu'en qua-
lifiant du tiltre de biens tous les maux que le
monde estime que vous m'auez faicts, ie renonce au salaire des seruices que ie vous ay
rendus, puis que satisfaisant à ma passion en
vous seruant, ie me suis contentee moy-mesme. Il ne tiendra pas à moy que vous n'en
perdiez le souuenir, si ce souuenir altere tant
soit

soit peu voſtre ayſe. Si mes humilitez ſont de quelque conſideration deuant vous, il me ſemble qu'elles auront bien le credit de meriter vn oubly, tant ie crains que n'eſtant plus, l'image de mes imperfections vienne encor troubler voſtre fantaiſie. Car ie croy que s'il reſte quelque ſentiment aux os couchez ſous la Tombe, que la tranquillité des miens ſeroit alteree, ſi ie penſois que la Pitié deuſt treuuer place en voſtre cœur, que i'ay experimenté ſi vuide d'Amour. Quelle douleur ce me ſeroit ſi ie croiois ſeulement que vous deuſſiez auoir du regret de m'auoir fait mourir; car bien que ie ne deuſſe point deſirer de plus beau monument que la penſee de voſtre ame, ſi eſt-ce que recognoiſſant mon indignité i'apprehende vn ſi ſuperbe cercueil, parce que ie ſçay que ie n'y ſçaurois repoſer ſans vous cauſer de l'inquietude. Ie me contête de la gloire de mourir pour vous, & ſi ie l'oſe dire par vous; car puiſque ie ne viuois que pour vous, n'eſt-ce pas vous rendre ce que ie vous doibs que de vous rendre la

O

vie? Ny cette mort ne vous est point encores
representee pour vous en taxer, ny pour
changer en iniure pour vous ce qui est pour
moy vn haut degré d'honneur; seulement ie
vous remonstre auec toute sorte d'humilité,
que si en vous honorant i'ay esté si malheureuse de vous desplaire, ie n'ay point esté
si miserable de vous offencer. Vostre opinion sera telle que vous voudrez, mais il me
sera permis de croire que comme ie ne pouuois addresser mes vœux à vn subiect plus
accomply, peut estre les pouuiez vous plus
doucement recognoistre. Et bien que cet effet
n'ait pas secondé mon intētion, mon intētion
neātmoins a eu sō effect, qui n'estoit autre que
le dessein de vous tesmoigner ma fidelité. Ie
sçay bien qu'en tout cela ie n'ay faict que ce
que ie deuois; mais comme ie ne pense pas y
auoir manqué, aussi faut-il auoüer que rendre tout ce qu'on doit à qui l'on doit tout,
n'est pas vne petite preuue de zele. Heureuse si i'eusse deuancé par la perte de ma vie
celle des saintes affections que vous m'auiez

iurées deuant Dieu & denant ses Anges, mais heureuse au moins en mon desastre d'auoir enduré sans demerite ce que vous auez voulu que ie souffrisse. Viuez desormais libre par ma mort, me laissant ce contentement en ma misere, de croire qu'elle vous apporte du soulagement. Ie la veux endurer en vous honorant, tout ce qui vient de vostre main, & qui prouient de vostre part ne me pouuant estre que receuable. I'adore le bras de Dieu qui me corrige par le vostre, & qui meslant d'absinte le trop de miel que ie goustois en vostre possession, me veut seurer de toutes les delices du monde pour me faire aspirer à celles de l'eternité. Au moins, cher Philippin, recognoissez ma fidelité en ce sincere tesmoignage que ie vous rends, d'honorer mesme vostre cruauté au dernier periode de ma vie, & de cherir vostre desdain au milieu des traicts de la mort. Ie le dois faire, puisque ie confesse que ne meritant pas vne alliance si releuee que la vostre, ie n'estois digne que de vostre rebut, & i'eusse volontiers

O ij

consenty à ma repudiation, si la loy Chrestienne en ce cas n'estoit point inuiolable, espousant vn Monastere pour vous laisser en la liberté de vos desirs. Mais comme l'honneur & la Iustice y ont repugné, ie n'ay peu obtenir de mon pere de vous donner ce contentement au preiudice du mien & de ma renommee. Que si i'ay participé à ce grand honneur d'estre vostre compagne, qui ne meritois pas le tiltre de la moindre de vos seruantes, souuenez vous quel empire pouuoient auoir mes parens sur vne fille, puisque vostre pere dont la memoire m'est en benediction, l'auoit si absolu sur vos volontez. C'est afin que vous excusiez non tant ma temerité que mon obeissance, & que parmy les illustres dignitez qui vous honorent & dont i'ay esté participäte, vous sçachiez que ie ne me suis point mescognüe, ny n'ay pensé estre que ce que i'estois par vous. Desormais ie quitte cette trop auantageuse place pour moy à cette heureuse creature qui vous possede ; ie ne suis pas à recognoistre son merite,

& en cela ie prise vostre iugement en vostre election, n'excusant pas seulement vostre change, mais l'appreuuant: que si ie luy cede toutes les preeminences de la grace, tant que ie viuray, ie ne cederay iamais ny à elle ny à personne qui viue celles de l'affection: que si elle est mieux aymee de vous que ie n'ay esté, vous ne le serez iamais tant d'elle que vous l'auez esté & que vous l'estes encores de moy. Desormais la mort rompant nos premiers liens vous rendra ces secõds comme ie le desire, plus agreables; la splendeur de ce beau iour esclattera danātage apres l'obscurité de ma nuict. A ma volonté que i'eusse peu procurer ce Mariage pour vous durant ma vie, en cela pour vous complaire ie me fusse renduë partisane de ma ruine, & ie l'eusse sollicité contre moy mesme: mais c'est en vain que nous voulons luitter contre la loy de Dieu. Tout ce qui m'arrache des souspirs & qui trouble la serenité de ma constance en cette extremité, c'est la perte de ce pauure enfant, lequel comme vn fruict

M iij

disgracié est tombé par le vent de vostre courroux de l'arche qui le portoit ; voyant qu'il ne pouuoit mourir soubs les rayons de vostre grace, il a veu la nuict de la mort deuant le iour de la vie, estant priué de la lumiere de l'Astre qui seul pouuoit illustrer ses tenebres. Helas! mais ce qui m'afflige le plus est ceste petite & innocente Dalimene, que ie laisse sur la terre en butte à vos mespris, pour Dieu, cher Philippin, que l'indignité de la Mere ne preiudicie pas à la fortune de ceste pauurette, puisque le ciel a voulu pour vous faire paroistre combien fortement vostre idee estoit grauee en mon cœur, qu'elle portast sur le front la viue image de tant de graces que la nature a empreintes sur le vostre, n'ayant aucune trace de ces defauts qui m'ont priuee du bon-heur de vostre bienveillance. Que sa voix enfantine vous esmeuue à pitié, & puisqu'elle est le sang de vostre sang, en elle aiez compassion non d'elle, non de moy, mais de vous mesmes. En fin ie vous coniure par tout ce qu'il y a de plus sainct au Ciel & en la Terre, d'auoir au moins comme Chrestien quelque sentiment de Charité pour mon ame, priant que la misericorde de Dieu luy ouure le Ciel, & que la Terre soit legere à mes cendres. Rigoureux & toutefois bien aymé Philippin, au moins aymez moy morte, puisqu'ainsi en vous sacrifiant ma vie ie vous rends le plus agreable seruice que ie vous rendis iamais; ie me lasse plustost de viure que de t'escrire, ô mon Seigneur & mon Espoux; mon ame s'en va côtente si tu luy permets de s'exhaler auec ce dernier accent & ce libre souspir.

N'ayant peu vaincre par ma foy
Ton ame à la haine obstinee,
Ie rends la mienne infortunee
A la Mort plus douce que toy.

Elle pensa cesser de viure en cessât de dicter cette longue lettre, car le regret & l'Amour, passions impetueuses, auec les extremes douleurs qui trauailloient son corps firét vne telle espreinte qu'elle pensa perdre le sens

auec le sang; mais sa ieuneſſe, sa bonne conſtitution, le soin de ses parens,
le secours des Medecins, la bonté des
remedes, & auec tout cela ce grand
conducteur du Monde qui la reſer-
uoit à vne plus triſte Cataſtrophe, la
preſeruerent pour ce coup.

FIN DV TROISIESME LIVRE.

ELISE.
LIVRE QVATRIESME.

CEPENDANT cet escrit signé du sang de cette languissante paruint entre les mains de Philippin, qui en ressentit en son ame d'extremes conuulsiôs: aussi quel tigre n'eust esté esmeu de tant de douceur & d'humilité? Car repassant par sa memoire le Paradis de sa tranquillité passee, & le comparant à l'enfer de son inquietude presente, il regrettoit morte celle qu'il auoit affligee viuante; mais ces secousses estoient semblables aux foibles efforts de ceux qui se veulent resueiller d'vn profond sommeil, car ils sont tellement assoupis, qu'ils retombent incontinent sur le cheuet, duquel ils ne se peuuent destacher qu'auec peine. Son cœur estoit tellement collé à ses voluptez presentes, qu'il auoit presque perdu le souuenir de ses felicitez passees: ce nuage l'empeschoit de cognoistre les splendeurs de cette vertu, qui comme vn flabeau iettoit des esclats d'autát plus grands qu'elle estoit proche de sa fin : ainsi selon ce dire d'vn ancien

La vertu se rejette alors qu'elle est presente,
Et puis on la regrette alors qu'elle est absēte.
Vient-elle, on en faict vn refus,
On la suit quand elle n'est plus.

Ces caracteres imprimerent quelque traict de pitié dás ce courage auparauant sourd à toutes remóstrances, & tirerent quelques larmes de ses yeux, mais cette espreinte retóbant sur son cœur endurcy penetrerent aussi peu que la pluye sur les rochers; au cótraire cette eau pareille à ce fleuue des Sicyoniens qui empierre le bois, sembla redoubler son obstinatio, & produire le mesme effect de ces goutes chaudes que la vehemence des rayons du Soleil tire des nuages en plein Esté, lesquelles bruslent pluſtoſt les feüilles des plātes que de les arroser; car de peur que sa cōpassion me donnaſt de la ialousie à Isabelle & ne l’ombrageaſt de quelque doute de son affection, il se despitoit contre ce iuſte regret, se faschant d’eſtre pitoyable, tenant la cruauté pour vne grande vertu. L’orgueilleuse Isabelle au recit de ces piteuses nouuelles de la mort d’Elise, que le Messager rendit asseuree, pensa pasmer de ioye & de contentement, eſtimant que cet obſtacle oſté rié ne pourroit empescher Philippin de guerir la honte de son Amour par le Mariage; elle en remercie le Ciel, cōme s’il euſt eſté cōplice de sa faute

& obligé à la reparer par vn si sanglant remede: en quoy vous remar-
querez l'humeur des impies, qui sont
bien quelquefois si impudens que de
mesler la Diuinité parmy leurs forfaits. Pyrrhe en est incontinent auerty, qui demeine grande ioye à Vaupré sur les futures nopces de sa fille,
& la maison de Philippin au lieu de
charger le dueil pour le decés de la
maistresse, se dispose aux festins &
aux allegresses d'vne pópe nuptiale
pour honorer vn mariage assez peu
honorablemét cósumé. Philippin est
doublement ioyeux de cette mort, &
parce qu'il se voit deliuré de celle dót
il ne se pouuoit deffaire que par là, &
en possessió de celle qu'il ne pouuoit
legitimement espouser tant qu'Elise
seroit en vie; se voyant d'abódát possesseur des grands biés de Sceuole par
le moyen de Dalimene; biens dont la
restitution & la priuatió luy eust esté
ruineuse & dómageable: il s'imagine

d'estre au dessus de toutes ses pretensions: & tout ainsi que l'aymant n'a
point la force d'attirer le fer qui est
frotté d'ail, ainsi son cœur enuironné
de l'ail puant d'vne volupté deshonneste ne se peut mouuoir par la pitié
vers la pauure Elise, que son Amour
traine à la mort ; mais

Dieu confondra ses folles flames,
Et les pensees de ces ames
Qui operent l'iniquité
Auec tant d'inutilité.

Car cóme ils minutent ces appareils
nuptiaux auec beaucoup d'empresse-
ment, ils apprennent la cóualescence
d'Elise, qui mit en fumee toute leur
ioye, & qui dissipa tous leurs desseins. Que l'esprit humain est volage:
Philippin hait la vie de celle dont il
auoit plaint la mort ; Isabelle en est au
desespoir, Pyrrhe en fureur, & Her-
má affligé : tous bié deceus, parce que
descheus de leurs pretéfions. Dieu le
voulut ainsi, & reseruer Elise à des

malheurs plus cruels pour faire eclatter sa gloire sur le fonds d'vne apparête ignominie. Mais la rage de Philippin ne s'arreste pas là: car pressé par Pyrrhe de luy tenir parole, ayant releué son appel à Rome pour faire infirmer la sentéce qui auoit côfirmé son mariage auec Elise, il remuë derechef toute pierre pour le faire inualider, n'oubliant aucune diligence ny aucune ardeur en cette poursuitte; mais s'il estoit violét attaquant, il auoit affaire à vn meilleur defédát; car Sceuole soustenu du plus équitable droict du móde, sçauoit mieux manier que luy ces armes processiues; cela n'empesche pas pourtát que ce labyrinthe de contestations n'engendre des longueurs merueilleuses, durát lesquelles des années s'escoulent, tousiours Philippin estant en possession d'Isabelle, de laquelle il eut quelques enfás qu'il faisoit esleuer cóme legitimes. Cepédát qu'il se perd en ses desbauches, &

que par ses procedures chicaneuses il offence tousiours auec de nouueaux outrages la bonté de la chaste Elise, cette cruelle persecutió la porta à vne actió plus incósiderée que malicieuse, & qui luy coustera la vie. Car vous deuez sçauoir qu'estát fille elle auoit esté longuement recherchee en Mariage par vn Gentilhóme bien qualifié & assez auantagé des biens de fortune, que nous appellerós Andronic, pour quelques raisós qui font que ce nom luy conuienne, entre lesquelles celle-cy est principale, que parmy ses qualitez il en auoit vne qui tiroit son tiltre de cet Apostre qui fut Frere du Vicaire de Iesvs-Christ; joint qu'estant vaillant homme, & en quelque rencótre victorieux, cette appellation m'a seblé sortable pour faire obscurement entendre toutes ces choses. Le ieune Andronic apres vne poursuitte tirée en lógueur à cause de la secrette auersió que Sceuole auoit de ceux qui

portét vne efpee, ne voulant donner
fa fille qu'à vn gédre de fa robe, ainfi
qu'il auoit fait fon aifnée; eftát fur le
point de voir reuffir fa recherche, les
difpofitiós des parés d'Elife luy faifás
efperer vne heureufe iffuë ; parce que
fa vertu & fa perfeuerance les auoit
gaignez; voyla que Timoleon furue-
nant fur ces termes, & propofát à Sceuole Philippin fon fils auprés d'vne
alliance fi releuee & fi haute, celle
d'Andronic difparut cóme vne eftoi-
le deuant le Soleil. Andronic digera
cette amertume auec vne patiéce qui
fe peut mieux loüer qu'exprimer: il en
fit de grandes plaintes, mais le vét les
emporta ; de reffentimét il n'en pouuoit faire cótre Philippin, parce que
la grádeur & l'auctorité de Timoleon
luy iettoit tant de poudre deuant les
yeux, que c'euft efté faire iouster vn
émerillon cótre vn aigle. Vne retraitte honorable luy fembla plus auan-
tageufe qu'vne conteftation inutile.

Or il se retira en sa maison, non sans laisser quelque sorte de regret à Elise, qui sous la permission d'vne iuste recherche l'auoit mis assez auant en ses graces, pour ne l'en faire pas sortir sans douleur; & Andronic ayāt commencé cette recherche par interest, & pour le regard des biens, auoit par la frequentation recogneu les grandes vertus de cette fille, & l'auoit logeé bien auant dans son cœur, luy laissant gaigner pays dans les terres de son affection. Ie ne veux point me respandre sur les particularitez de cette mutuelle bienueillance, pour n'oster à cette Histoire de sa briefueté: tant y a qu'Andronic ceda ce qu'il ne pouuoit disputer à l'eminence de son competiteur, & Elisé instruitte par sa mere à n'auoir autre volonté que celle de ses parens, acquiesça au Mariage de Philippin, plustost par obeissance que par inclination. Ainsi Scé-

P

uose imitant le chien de la fable, quittant vn moindre corps pour vne ombre plus grande, perdit & l'vn & l'autre: tant l'humaine prudence est foible & imbecille. Elise estant à Philippin, luy donnant son corps, addonna tout à faict son cœur à l'aymer, ainsi que doit faire vne honneste femme, effaçant de son esprit toutes les impressions qu'elle auoit euës pour Andronic: & Andronic de son costé ayant perdu l'esperance de la posseder, perdit aussi le dessein de la poursuiure. Le temps qu'Elise passa auec son mary s'escoula dans cette reciproque oubliance: mais tout ainsi qu'vn homme endormy n'est pas mort, ny vn feu esteinct qui est couuert de cendre; ainsi cette bienueillance fut aysée à resueiller & à r'allumer en ces ieunes cœurs, qu'vne saincte amitié auoit autrefois liez d'vne mutuelle estreinte. Elise estant donc separee de Philippin,

comme vous auez veu, & retournee
chez ses parens, Andronic, qui estoit
ordinairement en la ville, à la queste
de quelque party, la reuit chez son
pere, où son honnesteté luy donnoit
libre accés; & la reuoyant il ressentit
quelques estincelles de sa premiere
flamme; au commencement ce fut
sans dessein, & plustost par vn deuoir
de ciuilité qu'autrement ; depuis il
continua ses visites par inclination,
& par vne complaisance qu'il auoit
en la conuersation de cette creature,
de laquelle voyant les deplorables
malheurs, il en conceut autant de
compassion qu'il auoit autrefois eu
de passion pour elle : & parce que
l'Amour n'entre en l'ame par aucune
porte si large que par celle de la con-
doleáce, les extremes infortunes de la
pauure Elise firent vne ample breche
au cœur de ce ieune Gentilhomme,
qui certes l'aymoit veritablement,

P ij

mais auec tout le respect & tout l'honneur qui se peut desirer d'vn homme qui faict profession de ver-tu. Or cette familiarité alla si auant, qu'Elise se laissa insensiblemēt aller à agréer les entretiens d'Andronic, se plaisant aussi en sa conuersation, qui estoit toute pleine de discretion & de modestie: exēpte de ces pretēsions & de ces interests, qui rendent plustost mercenaires que veritables les amitiez mondaines. Ils viuoient comme frere & sœur en l'intelligence d'vne tres-pure & tres-parfaitte vnion. Et comme il n'y a rien de si precieux en vne grande affliction que de treuuer vne ame confidente, dans le sein de laquelle on puisse deposer ses plaintes, & qui participe à nostre mal par vne charité non feinte; Elise tint à bonheur la rencontre d'Andronic, auquel elle cōmuniquoit ses desplaisirs, auec vne sainte & simple confiance;

luy d'autre costé y prenoit telle part, qu'Elise en receuoit vn soulagement nompareil: car outre que par sa parole & par ses raisons il temperoit les aigres poinctes qui agitoient l'esprit de cette desastree, il auoit vne certaine grace respanduë en ses leûres, qui rendoit ses consolations & ses conseils extremement plausibles. Si Elise se plaint des rigueurs de Philippin & de la ferocité de son cruel courage, Andronic blasme cette fiere rigueur, & le iuge indigne de la possession d'vn tel bien: dict que l'Amour d'Elise estoit trop parfaitte pour vn sujet si plein d'ingratitude; & que si elle luy eust esté moins condescendante, elle eust esté plus redoutee de luy, & n'en eust pas esté si mal traittée. Ie n'ay iamais faict si i'entreprends de representer leurs entretiens, qui leur faisoient treuuer aussi courtes que des moments les heures ausquelles ils estoient en presence l'vn de l'autre, & les momens d'absence leur estoient des siecles infinis: peu à peu la sympathie vnit tellement ces courages, qu'imperceptiblement ils se treuuerent liez de nœuds indissolubles, sans qu'il se passast en leur frequentation, qui estoit presque tousiours à l'aspect ou de Sophie ou de Sceuole, aucune action, aucune parole, aucune pensée, directement ou indirectement contraire à la pureté & à l'honnesteté: leurs yeux estoient de colombe, lauez dans le laict d'innocence & de candeur, leurs leûres bandees d'vn ruban d'escarlate, tant leurs discours estoient pudiques; leurs mains pleines de myrrhe, preseruatiue de corruption, estoient exemptes d'impureté; leurs cœurs & leurs corps ne respiroient que modestie. Combien de fois & Sceuole & Sophie voyans cette loüable amitié regretterent-ils de ne les auoir vnis par Mariage selon leur premier deſſein: mais le repentir en eſt trop tardif, le dé en eſt ietté,

Il faut porter patiemment
Vn mal qui n'a point de remede:
L'impatience eſt vn tourment
Qui toute autre douleur excede.

Cependant ces peu auiſez parens ne prennent pas garde que par ces diſcours ils iettent de l'huille ſur le feu, que cette ieuneſſe couuoit, mais qu'elle couuroit du voyle de la pudeur & de la modeſtie. Cela donnoit la liberté à Eliſe de deſirer Andronic ſi elle euſt eſté libre de l'eſclauage tyrannique de Philippin: elle reprenoit quelquefois l'ambition de ſes parens qui luy auoient cauſé vne profonde cheute par vne ſaillie trop eſleuee: combien les mediocres fortunes luy ſembloient-elles plus douces que ces eminentes, leſquelles comme les

P iiij

faistes des sourcilleux rochers sont pluſtoſt battuës du foudre que les humbles valées, ioinct que
L'Amour & la Grandeur conuiennent mal enſemble:
Andronic qui va recueillât ces plaintes comme des perles de roſee (car elles n'eſtoient pas ſans larmes) en va arroſant les plantes de ſes deſirs; & maudiſſant ſa mauuaiſe fortune qui le rendoit receuable lors qu'il n'eſtoit plus de ſaiſon, & qui l'auoit rejetté quand il eſtoit receuable, Iuſques à quand, luy diſoit-il, ô mataſtre de la vertu, & ennemie iuree de mon bien, me perſecuteras-tu?
Deſtinée trop cruelle
Qui m'outrages ſans pitié,
Seras tu touſiours rebelle
A ma fidele amitié?
Et puis reuenant à ſoy, & voyant que ſous les noms fantaſtiques du Deſtin & de la Fortune il attaquoit cette

diuine Prouidéce, sous laquelle coule la file de nos iours, & qui tiét nostre sort en sa main, resolu de l'adorer pluſtoſt que de l'outrager, plein de confiance il se flattoit de quelque air d'esperance par ces mots,

Ce grand Dieu dont la grace
S'esloigne de mon chef,
Fera luire sa face
Dessus moy derechef:
Alors ie receuray ma premiere clairté,
Changeant mes nuicts d'Hyuer aux plus
  beaux iours d'Eſté.

Que tarday-je tant à vous faire voir la pierre d'achoppement, le but du scandale, & l'escueil du naufrage de ces ames, en effect innocentes, & en apparence qui vont deuenir horriblement coulpables? helas l'oyseau qui produict la glus s'y prend, & l'aigle fournit quelquesfois la plume qui forme les empennons du traict qui l'a blessé à la mort. Apres qu'ils eurent longuement foufpiré aux oreilles l'vn de l'autre leurs defplaifirs, & iniurié leur miferable condition qui les empefchoit d'eftre l'vn à l'autre, apres auoir maintesfois defiré que Philippin fuft à Ifabelle, & Andronic à Elife, les loix qui ne font pas toufiours conformes aux fouhaits des Amans, fe treuuent contrarier à ces alliances; car le nœud que Dieu ferre ne peut eftre tranché que par le coutelas de la mort : apres beaucoup de paroles de reciproque bien-veillance, fuiuies de mille proteftations de fe prendre en mariage fi la mort en puniffant les perfidies de Philippin donnoit ouuerture à leur Amour; apres plufieurs lettres qui tenoient le mefme langage, ils en vindrent fi auant, tombans peu à peu dans les lacs qui au lieu d'eftreindre efteindront leur dilection & les eftrangleront, qu'ils fe firent vne promeffe reciproque, qui ne pouuoit auoir autre fondement que la mort de Philippin, laquelle pourtant ny l'vn ny l'autre n'auoit aucune pensee de procurer par aucune voye, ouy bien de l'attendre de la main de Dieu. Voila tout leur crime : & certes il est vray, vertueuse Elise, que pour vne vaine asseurance de fidelité qui seroit aussi fortemét attachée à vostre cœur qu'à du papier, vous hazardez merueilleusement & vostre honneur & vostre vie : C'estoit là le plus haut degré, & comme l'Apogee des desseins d'Andronic ; car il cognoissoit trop l'humeur d'Elise pour pretendre d'elle rien qui ne fust honorable. Rien ne se passa entre eux au preiudice de ce que ceste honneste femme deuoit à son legitime, bien que barbare mary; car elle auoit sa pureté en telle recommandation, que la modestie regloit non seulement ses actions & ses paroles, mais encores ses pensees. Ah! faloit-il que pour euiter le blasme d'ingrate, qui n'eust peu venir que de la bouche d'Andronic, elle se precipitast à vne telle imprudéce, qui la fera mourir à la veuë de tout le monde en qualité d'vne infame adultere, & d'vne sanglante homicide de son Espoux, bien qu'en effect ny en volonté elle ne fust aucunement criminelle? Ainsi vne estincelle esgaree excite quelquefois vn grand embrasement; vn petit mal negligé vn vlcere incurable; vne petite source aboutissant en vn grand fleuue qui coule de vastes eaux dans l'amertume de la Mer. Mais comment se descouurit cette promesse qui ne deuoit voir le iour que quand le Soleil ne verroit plus Philippin sur la Terre, vous l'allez entendre par vne voye qui vous forcera de crier auec le grand Apostre: O! hautesse des richesses de la Sapience de Dieu, que ses iugemens sont incomprehensibles, & ses voyes inuestigables. Tandis que Philippin est à Montd'or en possession du corps d'Isabelle, auec laquelle il consume ses iours en des delices abominables & illicites, dorant son mal du beau nom de Mariage, & par vne conscience malicieusement erronee la tenant pour sa femme; Andronic est à la ville en possession du cœur d'Elise, laquelle ne regrette plus l'absence de Philippin par la presence d'Andronic: leurs conuersations toutes pures & spirituelles n'ont rien que les plus seueres censeurs puissent iustement blasmer; aussi viuent-ils sous l'œil & la discipline d'vne Sophie, qui ne se fie point tant à sa fille qu'elle n'ait tousiours l'œil à sa conseruation. Cependant le procez de Philippin pour la dissolution de son Mariage traine tousiours,

c'est vne fusee qui ne se peut desmesler; Pyrrhe irrité de cette longueur
gronde, mumure, menace de tuer
Philippin, s'il n'en poursuit l'issuë
comme il l'a promis: doncques la sollicitation de cette affaire appella Philippin à la ville; aussi bien y auoit
il des poincts qui ne se pouuoient decider qu'en sa presence, outre qu'il
n'y a point de meilleur procureur que
soy-mesme. Comme il est apres cette
sollicitation, par toutes les compagnies où il se treuue il se respand en
tant de mesdisances, d'outrages &
d'inuectiues contre Sceuole & côtre
sa fille, qu'il se rend odieux à tous
ceux qui l'escoutent; car mesdisant de
celle que l'on tenoit pour sa femme
n'estoit ce pas amasser des ordures &
s'en couurir la teste, & se ietter des
charbons ardans en sa propre face? &
puis il estoit doublement blasmé &
mocqué de ceux qui cognoissans

l'integrité du pere, la probité de la mere, & la vertu d'Elife, attribuoient toutes ces paroles à la legereté de fon efprit, nourry dans le libertinage, & pourry dans la defbauche. Que fi quelquefois fes plus fages amis luy reprochans fon inconftance luy reprefentoient la mauuaife odeur qui eftoit refpanduë par le monde du mauuais train qu'il menoit auec Ifabelle, alors au lieu de prendre ces remonftrances de la main droicte, les receuant de la gauche, ou il s'offençoit de la verité, ou il la tournoit en rifee, fe refioüiffant de fon malheur & de fon vice, & fe glorifiant de fon iniquité. Car fouuent dans les compagnies des Dames, où il eftoit pour cela le plus perfecuté, fe mettant par vanité à depeindre les graces de fa Diane, & à defchiffrer, diray-je à defchirer la mauuaife mine de la pauure Elife, il faifoit voir que tous les preceptes de l'art de bien dire n'ont rien qui donne tant d'eloquence que la paſſion; car comme l'Amour le rendoit fertile en l'vn des ſubjects, la hayne le rendoit auſſi diſert en l'autre, eſtant vn Aod ambidextre eſgalement puiſſant à loüer qu'à blaſmer, exceſſif en tous les deux. Andronic frequéte auſſi bien que luy les Compagnies, bien venu dedans le monde, pour tout plein de belles parties qui le rendoient recommandable, & qu'il accompagnoit d'autant de prudence & de retenuë que Philippin teſmoignoit de legereté; il entend quelquefois le recit des diſcours indiſcrets de ce Seigneur, qui dict impunément ce que bon luy ſemble: luy qui eſtoit picqué aux plus tendres lieux de ſes affections, & qui cognoiſſant les vertus d'Eliſe ne pouuoit ſouffrir qu'elles fuſſent ſi cruellement diffamees par la langue de Philippin,

Philippin, & qui d'ailleurs craint de descouurir trop son Amour en soustenát cette innocente, se voit en cet estat reduite à d'estranges agonies: neátmoins aux assauts de ces raports qui le surprénent quelquefois à l'impourueu, il ne se peut contenir de repliquer des paroles autant aïgues & picquantes contre Philippin, qu'il en auoit de douces auprés d'Elise: tantost il l'accuse de mesdisance, tantost d'indiscretion, tantost de fausseté, tantost que Sceuble ne manquoit pas d'amis qui luy soustiendroient le contraire de ce que temerairement il auançoit; tantost que c'estoit vne honte à vn Cheualier d'attaquer vn homme de la robe, & plus encores d'inuectiuer contre vne femme qui n'auoit point d'autres armes que ses larmes; tátost il rectiminoit en faisant des discours Satyriques contre Isabelle, non seulement du bec, mais en-

Q

cores de la plume; il escriuit certains vers contre elle qui eurent du cours, mais parce qu'ils estoient trop mordans, ie n'ay pas voulu en noircir ce papier; tantost defendant Elise il publie son hónesteté & sa patiéce, il dict que Philippin a abusé de sa bonté, qu'il ne meritoit pas vne telle féme; qu'en poursuiuant la dissolution de son Mariage, il recherchoit & sa ruine & sa honte, sa ruine parce que sans les facultez de Sceuole sa maison demeuroit engagee sans resource, sa hóte en espousant celle qui le couuroit d'infamie & de deshóneur. Et quant aux mespris insuportables que l'arrogance tiroit de l'esprit de Philippin contre la famille de Sceuole, que la dissemblance de condition ne le rendoit pas moins illustre, la Iustice estant durant la paix ce qu'est l'art Militaire durant la guerre; que si la Noblesse se reigloit à sa premiere &

plus iuste mesure, qui est la Vertu, elle se treuueroit plus grande du costé du beau-pere que du beau-fils; en somme que selon le cours du marché du monde vne nouuelle Noblesse accompagnée de grandes richesses se deuoit autant estimer qu'estoit ridicule vne vieille Noblesse aboutissante dans vne miserable pauureté. Le vent porte souuent des estincelles deçà de-là qui causent de grádes incendies; le monde ne manque pas de r'apporteurs, qui comme des soufflets de forge ne seruent qu'à allumer des choleres, & à mettre le feu dās les courages. Les reparties d'Andronic viennent par ce moyen là aux oreilles de l'orgueilleux Philippin, qui au commencement se porta à des menaces qui faisoient voir qu'vn chien poltron iappe plus qu'il ne mord; il estoit vray que pour l'antiquité & la grandeur de la race, Andronic luy estoit de beaucoup inferieur, mais si estoit-il Gentilhomme & d'assez bon lieu pour n'endurer rien d'indigne. Quand Philippin parle de baston, il replique qu'il respondra auec vne lame d'acier, & qu'estant nay Noble il se peut mesurer auec tout homme qui porte du fer à son costé : par vne mauuaise rencôtre ils se virent en vne cópagnie, où à la premiere veuë, apres les esclairs des regards succederét les tónerres des paroles, & en fussét venus à la gresle des coups si par la multitude de leurs amis il n'eussent esté separez. Andronic n'ayant rien laissé du sien en ce choc se tient dans la modestie, mais le furieux Philippin escumant de rage le faict appeller auec autant de bruict que peu d'effect ; car il ne fut iamais en leur puissance de se ioindre, la Iustice leur donna des gardes, & le Gouuerneur desireux de les appointer leur fit d'eſtroittes defences d'en venir aux mains. Cependant Philippin outré de deſpit de ſe voir braué par vn homme qui ne ſembloit pas eſtre nay pour luy preſter le collet, redoublant ſes iniures non ſeulement contre Sceuole & Eliſe, mais auſſi contre Andronic, oblige la patience de cettuy-cy à laſcher d'aigres reparties. Et Philippin s'enquerant d'où venoit cette humeur à Andronic de ſouſtenir ſi ardemment la cauſe d'Eliſe, & ayant appris ſes ordinaires frequentations en la maiſon de Sceuole, auec quelque traict de meſdiſance & de calomnie que le rapporteur, comme c'eſt l'ordinaire, y adjouſta pour flatter ſa paſſion, il ne faut pas demander s'il adjouſta à la lettre, & comme les meſchans penſent que chacun leur reſſemble, s'il accuſa de deſbauche celle qui en eſtoit autant innocente que luy coulpable: appellant ordinairement Andronic par mocquerie & par brauade, l'Escuyer d'Elise, mot en apparence simple, mais fourré d'vne malice noire & d'vne intelligence d'autant plus atroce qu'elle estoit subtile. Le gentil Andronic tournant en risee cette mocquerie de Philippin, disoit que sa frenaisie le faisoit cracher contre le ciel, & que sa propre ordure retomboit sur sa teste, ce qui estoit vray; car si Elise eust esté telle que Philippin la depeignoit, & son Mariage auec elle n'estant pas encores declaré nul, qui ne voit que ce qu'il disoit pour la deshonorer luy retournoit à infamie: mais en cela il tiroit des flesches côtre vn rocher, lesquelles rebrousset au dômage de celuy qui les lance. Et Andronic pour monstrer qu'il ne manquoit pas d'esprit pour se defendre de la lâgue non plus que l'autre pour l'attaquer, disoit quelquefois que s'il eust esté du têps de ces anciens Palladins qui faisoient profession de vanger les torts faicts par les plus forts aux plus foibles, comme aussi de defendre l'innocence affligee, & principalement de proteger l'honneur des Dames, il se fust volontiers porté sur le champ comme Chevalier d'Elise, pour faire voir par vne victoire la Iustice de cette Dame aussi iniustement calomniee qu'indignement traittee de son barbare mary; mais puisqu'ils estoient si estroittemét gardez qu'ils ne se pouuoient ioindre, & l'vsage de ces anciens combats aboly, il falloit s'accommoder au siecle & subir doucement le ioug des loix qui nous estoient imposees, & observer les coustumes des lieux où nous viuions. Tous ces contrastes de paroles ressembloient aux orages & aux tonnerres, qui apres beaucoup d'esclairs, de broüillards, de pluyes & de bruit,

Q iiij

ne laissent pour marque de leur passage que de la bouë; car apres beaucoup de rapports & de picotteries, toutes ces brauades se terminoient en baue, & ces braueries en bauarderies, qui remplissoient d'ordure leurs propres autheurs; tout ainsi que les limaçons qui se souillent de leur propre escume: mais en fin comme les esclairs sont ordinairement suiuis des esclats & des attaintes du foudre; ainsi la cholere passe ordinairement de la langue à la main. Vn des Gentils-hommes de la suitte de Philippin, que nous appellerons Valfran, indigné de voir que son Maistre ne peut tirer aucune végeance d'vn moindre que luy, à voye ouuerte se resolut à vn lasche traict, qui estoit de lascher vn pistolet dans la teste d'Andronic; il prend son temps, & côme la nuict estoit close (car ces honteuses actions demandent les tenebres) ayant seu

Livre IIII.

qu'il estoit en vne compagnie où il passoit le temps à entendre vn fort agreable concert de Musique, il le faict demander par vn de ses lacquais comme ayant à luy dire vne parole d'importace de la part de Philippin, & qu'il l'attédroit à la porte de la salle; le lacquais le faict entendre secrettemét à son maistre, lequel plein de ce furieux courage de nos François, qui mettent la valeur aux combats singuliers, bien que ce ne soit que pure brutalité, & mourant d'enuie de voir ce Rodomont l'espec à la main, esperant de r'abbatre son orgueil & de se faire iour par sa mort à la promesse d'Elise, se desrobant subtilement de ses gardes, comme ne voulant que passer à vne autre chambre, il se glisse à la porte de la salle, où il ne paroist pas plustost que le traistre assassin qui l'attendoit de pied ferme, sans luy dire autre chose, luy porte le pistolet dans la teste ; Andronic esquiua promptement, & si à propos, que le coup laschant auec vn bruict tel que vous pouuez penser, alla dóner contre la porte, qu'il brisa comme vn foudre: à ce tintamarre toute la maison & tout le voysinage est allarmé, le concert cesse & cede à cette Musique d'Enfer; ce meurtrier veut mettre la main à l'espee, mais Andronic s'estant ietté à corps perdu sur luy, le roule par les degrez, où tantost dessus, tantost dessous ils se donnoient de merueilleuses secousses ; le lacquais crie au meurtre, chacun accourt à ces estreintes si pressees d'Andronic, & en vn lieu si estroit, l'espee est inutile à Valfran, Andronic est tout desarmé, lequel aduisant que l'assassin cherchoit son poignard pour l'en offencer, plus habile que luy s'en saisit, & alors le tenant à la gorge, Souuiens-toy, luy dict-il, que

Livre IIII.

tu m'as manqué, mais ie ne te manqueray pas, cela dict il le luy enfonça deux ou trois fois dedans le corps; ce meurtrier lançant des cris espouuantables; il le vouloit acheuer, mais desireux de sçauoir d'où venoit son attétat, il luy laissa encores quelque reste de vie. Tous les amis d'Andronic accourēt l'espee à la main, qui croyás que cette entreprise eust de la suitte, vont par la ruë pour chercher les complices de Valfran, mais ils n'en treuuerent point: la Iustice est mádée entre les mains de laquelle ce traistre est remis, lequel auoüa sur le champ qu'il auoit esté porté à cette lascheté, indigne d'vn homme noble comme il estoit, parce qu'il voyoit que son maistre ne se pouuoit ioindre auec Andronic pour démesler leur querelle, & qu'il n'auoit peu endurer qu'vn moindre que son Seigneur luy resistast si puissamment. Philippin auerty de cet accident, aymant Valfran autant qu'il hayſſoit Andronic, ne ſçait à quel party ſe ráger; car s'il ſouſtient le traiſtre il ſe couurira d'infamie, & quoy qu'il proteſte l'on le croira participant de la trahiſon: de le renoncer auſſi en vne ſi preſſante neceſſité, c'eſtoit embraſſer la cauſe de ſon ennemy & abandóner ſon amy. Mais l'honneur l'emporta ſur l'amitié, & blaſmát cette voye cóme tout à faict honteuſe & meſſeante à vn courage genereux, il deſauoüa Valfran, ſuppliant neantmoins la Iuſtice de ſe contenter de ſes playes ſans le faire mourir ignominieuſemẽt, mais elles ſe treuuerét telles qu'elles preuindrét le chaſtiment de la Iuſtice, car trois iours apres il en mourut, Dieu par vne ſecrette pitié luy dónant ce téps pour recognoiſtre ſa faute & pour implorer ſa miſericorde, ce qu'il fit demandát mille pardons à Andronic de ſon attentat, & recognoissant au desaueu de Philippin qui l'auoit abandonné au poinct de sa necessité plus pressante, combien est grande l'ingratitude des mondains, combien fresle l'appuy du Monde, dont l'amitié est ennemie de celle de Dieu. Cette mort faisant voir la Iustice de Dieu, qui ne laisse rien d'impuny, accoisa la Iustice des hommes, satisfit Andronic, purgea Philippin : & son exemple nous apprend la Verité que l'oracle celeste a proferee par la bouche du Roy Psalmiste.

N'establissez point vos desseins
Sur la foy des grands de ce Monde,
Et dessus les fils des humains
Vostre espoir iamais ne se fonde:
Secours n'en sçauroit arriuer,
Ny support qui puisse sauuer.

Quand l'esprit comme vn soufflement
Leger de ces hommes s'exhale,
Le corps aussi soudainement

Retourne à sa terre natale:
Vains pensers, proiects deceuans,
Ce iour là se perdent aux vents.

Quoy que sceust protester Philippin côtre Valfra, si est ce qu'en l'opinion du monde cette honteuse tache luy en demeura sur le frôt, qu'il estoit non seulemêt cause, mais consentant de cet acte deshonorable, car la faute des domestiques est ordinairement reiettée sur le maistre: Tout cela releuoit merueilleusement l'estime d'Andronic, lequel en fut quitte pour quelques meurtrisseures qu'il côtracta en ce colletement de Valfran, & en volant quant & luy les degrez. O combien Elise se sentoit son obligée de tout cela, combien luy protestoit-elle d'amitié, & d'en garder dans son souuenir vne eternelle recognoissance; car Andronic ne se contentant pas d'employer sa langue pour la defence de son honneur

parmy toutes les compagnies, iu-
roit d'expofer mille fois fa vie pour
fa protection: il euft fallu eftre infen-
fible pour negliger tant d'obliga-
tions. Philippin pourfuiuant toufiours fa premiere pointe pour fe def-
gager du Mariage d'Elife, perfeue-
roit en fes mocqueries ordinaires, appellant Andronic fon Riual; car il l'a-
uoit efté lors qu'ils recherchoient en
mefme temps Elife eftant encores fille; & s'eftonnant de ce qu'il le con-
trarioit en cette diffolution, qu'il efti-
moit deuoir eftre pourfuiuie par Andronic s'il auoit deffein d'efpoufer
Elife; & là deffus en quelles paroles
de precipitation ne fe tranfportoit-il,
difant qu'il feroit encores trop heureux d'auoir fon rebut, eftant bien
ayfe de luy ceder vn bien qu'il eftoit
bien marry d'auoir emporté fur luy,
& tout plein d'autres inepties qu'il
faut laiffer à la conjecture d'vn bon

sens, pluſtoſt que d'en ſoüiller la candeur de ces pages. Parmy toutes ces petites riottes il y auoit de grandes haynes, & quaſi toute la ville ſe rendoit partiſane de l'vn ou de l'autre coſté; ceux qui ſouſtenoient Philippin trompetoient par tout la violence que Timoleon auoit faitte à ſa volonté pour le plier à ce Mariage, & comme Sceuole eſtant riche ne manquoit pas d'enuieux, auſſi auoit-il des contrarians qui eſtoient bien ayſes de voir ce trouble dans ſa maiſon; mais ce party eſtoit le moindre, car l'inſolence & l'arrogáce de Philippin inſupportable en ſes paroles & en ſes actions le rendoient odieux à ceux qui n'auoient aucun intereſt en ſa cauſe, ioinct que la Iuſtice & la Vertu combattans pour Eliſe rendoient le coſté d'Andronic beaucoup plus fort & plus puiſſant; ſa modeſtie & ſa prudence ne contribuans pas peu à la
bienueillance

Bienueillance que beaucoup luy portoient; il n'y auoit celuy qui n'estimast qu'Elise eust esté bien plus heureuse d'estre à luy qu'à Philippin; car le contentement estant à preferer & aux honneurs & aux richesses, il n'y a point de doute qu'elle en eust eu dauätage auec ce simple Gentilhomme qu'en la compagnie de cë grand Seigneur qui la traittoit auec tant de cruauté & de mespris. Cóme les choses estoient en cet estat il se fit des nopces en la Ville en vne maison assez voisine du logis de Philippin, & dont les mariez estoient amis communs de l'vn & de l'autre de nos contrarians. Ils sont donc tous deux cöuiez à la feste, mais suppliez affectueusement de ne s'y quereller pas, pour n'apporter du trouble en vne Compagnie qui n'estoit assëblée que pour se resiouïr & pour faire bonne chere: ce qu'ils promirent solennellement à

R

ceux qui les inuiterent, & d'vne façon si franche, que les inuitans en auguroient ie ne sçay quel air de reconciliation. Mais il s'y meslera vne estrange fusee, car vous sçaurez que Pyrrhe ennuyé de viure si long temps sans voir l'issuë du proces de sa fille, & ne pouuant plus supporter de se voir le prouerbe contumelieux & l'object d'opprobre en tout son voysinage, par vne secrette suggestion du diable (comme il est croyable) se laissa emporter à l'esprit de vengeance, estimant que Philippin vsast de collusion auec ses parties pour abuser de sa patience & de l'honneur d'Isabelle, tenant sa reputation en eschet & en suspens durant la longueur de cette poursuitte. Il n'auoit peu venir à bout de Philippin à Belleriue & à Montd'or, car il alloit tousiours à la campagne si bien accompagné, du temps de sa deffiance, qu'il n'y auoit aucun moyen de l'aborder, il se figure qu'allant sans soupçon dans la Ville il sera plus aysé de le surprendre, & de faire perdre la vie à celuy qui luy fait perdre l'honneur, & de là luy rauir traistreusemét cóme frauduleusement il auoit rauy & enleué sa fille: les mauuais desseins sont aussi tost pris que pourpensez, & les pernicieux cóseils aussi tost suiuis que proposez; car dés la premiere ouuerture qu'il en fit à son fils Herman il s'offrit d'executer cette entreprise, & Pyrrhe voulant à toute force estre de la partie, il le cóniura de se tenir en sa maison pour la conseruation de son bien, afin que s'il venoit à estre descouuert apres son coup il peust ayant passé les montagnes ou trauersé la mer estre assisté de ses facultez en Italie ou en Espagne; Pyrrhe bien qu'auec peine se laissa aller à cet auis, lequel ayát communiqué à vn ancien seruiteur, & qui leur estoit affidé, au demeurant homme de main, que nous appellerons Roboald, il se treuua prest d'assister Herman en cette entreprise: ils se rendent à la ville bien montez & auec les armes necessaires pour l'executer, où s'estans tenus cachez quelque temps durant le iour, n'allans que de nuict pour tascher d'attraper Philippin reuenant de quelque conuersation, l'occasion de ce souper nuptial leur sembla belle pour conduire à chef leur vengeance: tandis que Philippin & Andronic sont au festin dans le bal & la dance, dans les ris & les ioyes, dans les bons mots & les galanteries, ils se regardoient tousiours de trauers, ne se parlant que des yeux, mais dont les estincelles au lieu d'Amour ne menaçoient que de Mort; ils se contiennent neantmoins en leur deuoir pour maintenir leur promesse; ce n'est pas pourtant qu'ils ne disent ce qu'il leur plaift; car quand en des cantons feparez (eftant impoffible de les faire ioindre, parce qu'ils ne fe tenoient pas affez forts pour fe parler fans fe picquer, & fe picquer fans fe frapper) ils eftoient en train de dire, il eftoit bien mal-aifé que leur difcours ne trahift leur paffion: icy l'on faict la guerre à Philippin fur le fujet de fon Amazone, mais il en fçait releuer le merite auec tant d'art, que fon eloquence efblouit le iugement de ceux qui l'entendent, & qui l'accufans au commencement l'excufent à la fin: en vn autre coing Andronic eftant perfecuté par ieu, comme le Cheualier d'Elife, que ne dict il à la gloire de cette vertueufe féme! & ce qu'il difoit à fon honneur ne pouuoit que tourner au defauantage de celuy qui le trauerfoit auec tant d'iniuftice; & comme il eftoit fondé en la verité, il la fouftenoit auec

R iij

de si bons termes, qu’il n’y auoit aucun de ceux qui l’escoutoient qui ne fust attaché des yeux à sa bonne façon, & des oreilles à sa langue. Maintefois il luy arriua de dire par son malheur, que si Philippin estoit mort (ce qu’il deuoit bien-tost attendre de la iuste punition du Ciel) il tiendroit à beaucoup de gloire d’espouser Elisse, comme vefue d’vn Cheualier, & comme vne des plus honnestes femmes de la terre, mais qu’Isabelle n’en pourroit pas dire autant; car si Philippin viuant elle estoit deshonoree, luy mort elle n’oseroit paroistre deuant les yeux du monde: de là sa passion l’emportoit à dire qu’Elise meritoit vne meilleure rencontre que celle de Philippin, lequel à la verité sans l’exprés commādement de ses parens elle n’auroit iamais espousé; & apres cela tout plein d’autres particularitez qui ne fussent pas tombees à terre si elles eussent esté recueillies des oreilles de Philippin: plusieurs fois les plus prudens de ceux qui les entendoient parler desauantageusement l'vn de l'autre, voulurent leuer la barre & interrompre ces fascheux discours; mais comme il n'y a rien qui chatoüille tant l'esprit que la mesdisace, par vne malignité naturelle qui nous incline au mal, on les laissoit dire; ce qui depuis perdit Andronic, ce fut vn mot qui luy eschapa à la volee, car, comme reprochant à Philippin l'assassinat de Valfran, bien qu'il en fut innocent par la deposition mesme du coulpable; il m'eust esté aysé & peut estre permis, dict-il, par le train du mode de repousser vne trahison par vne autre: mais ie hay trop la lascheté & la supercherie: cecy, Andronic, vous coustera bien cher, car vous sçaurez que le temps de conduire les nouueaux mariez à la couche,

R iiij

que l'Apostre appelle sans tache, estāt arriué, toute cette belle assemblee se separa. Or en ce grand embarras de carrosses & de cheuaux qui attēdoiēt à la porte, il fut aysé à Herman & à Roboald de se fourrer à l'ombre de la nuict parmy cette foule, du milieu de laquelle Philippin sortant fort peu accompagné, & à pied, à cause du voysinage de son logis, comme il en estoit fort proche, Roboald ayāt rué par terre le page qui portoit le flambeau, Herman tout à cheual vint fondre sur Philippin cōme vn tourbillō, & luy portant la bouche de son pistolet dans la temple auec vn carreau d'acier, il luy emporte toute la ceruelle qu'il espand sur le paué; Philippin le voyant venir creut que c'estoit Andronic, & s'escria; ha! traistre, ha! Elise, tu me fais donc assassiner, & mourut ainsi. Apres ce coup Herman & Roboald se retirerent à la faueur des ombres en leur logis, d'où ils partirent le lendemain deuant le iour, se rendans à Vaupré aussi asseurément & froidement que s'ils n'eussent rien faict, car ils estoient certains de n'auoir point esté apperceus. Mais reuenons à la ville, où à l'instant tout fut en rumeur & en allarme; plusieurs s'enfuirent, d'autres plus hardis allerent voir ce spectacle tragique de Philippin estendu roide mort sur le paué. Andronic qui n'estoit coulpable de rien y accourt tout à cheual, auec les autres, il regretta comme Cesar fit Pompée la mort de son ennemy; neantmoins ce fut d'vne certaine façon si meslee de ioye, que cela donna l'entree au soupçon que ce ne fust luy-mesme, qui apres vn si detestable coup vinst contrefaire l'innocent: plusieurs circonstances le semblent accuser, les propos qu'il auoit tenus en la salle des nopces; c'est vn homme à cheual qui a tué Philippin, plusieurs disent tout haut que s'il n'a faict le coup il l'a faict faire. Il nie cela auec autant de constance que de verité; il y auoit d'autres tesmoins qui l'ayant veu monter à cheual au mesme temps que l'on assassinoit Philippin, asseurerét qu'il ne pouuoit auoir commis vne action si lasche, mais qu'il fust de l'intelligence, il y auoit lieu au soupçon, laissant tous ces bruits sans fondement, luy, la teste leuee, appuyé sur son innocéce, se retire froidemét en sa maison, se croyát desja en possession de son Elise. Laquelle n'eut pas si tost appris ce sanglát assassinat de son Espoux, auec cette miserable circonstáce que l'on en soupçonnoit Andronic, que changeant l'Amour qu'elle auoit pour Philippin en Pitié, & la bienueillance honneste qu'elle portoit à Andronic en vne haine mortelle, elle prit cette conjecture pour vne verité,& dés cette premiere impression elle ne douta nullement que, soit pour la posseder selon la promesse qu'elle luy en auoit faitte, soit pour se vanger de l'attentat de Valfran, il n'eust ou faict luy mesme ou faict faire ce lasche coup: & tout ainsi que l'amitié qui est fondee sur la Vertu s'esuanoüit deuant son contraire; de mesme que la charité en l'ame perit le vice suruenant;ne plus ne moins que la pierre appellee Prassus pert son éclat à la presence de quelque venin que ce soit. La voyla donc pour la perte de Philippin emplie d'vne douleur inconsolable, son affection se redoublât par vn si cruel & dangereux trespas, & tellement vuide de bonne volonté pour Andronic, que son nom luy est en horreur & son idee en vne abomination insupportable. Philippin est conduit à Belleriue au Sepulchre de ses Peres, où la courageuse Elise eut bien la force de l'accompagner; son dueil & ses larmes aussi sinceres que son amour estoit veritable, faisant plus de pitié à ceux qui la voyoient ainsi viuáte que son Mary mort. Car chacũ voyoit au trespas precipité de ce ieune Seigneur vne iuste punition du Ciel, la main de Dieu appesantie sur son chef qui en auoit esté escrasé; & la verité de ce mot de Dauid, qu'vn homme perfide & addonné à la chair & au sang ne voit iamais la moitié du cours de sa vie. Sceuole grand homme d'affaires accompagne sa fille comme doüairiere de la maison de Philippin à ces deuoirs funebres, & y conduit sa petite fille Dalimene, comme celle qui auoit esté nommee heritiere vniuerselle par la declaration de la validité du Mariage d'Elise & de luy. Personne ne se pouuoit opposer à la succession de ce iuste heritage. Ce n'est pas tout, il est question de desloger l'Amazone de Montd'or; car laissant à dire les regrets de cette Amante desesperee, & les fureurs qui l'agiterent à la reception de la nouuelle de cette mort, lors qu'elle pensoit estre à la veille d'espouser celuy qui de corrupteur de son integrité deuoit estre le reparateur de sa renommee, peu s'en fallut qu'outrée d'vne rage pleine d'aueuglement elle ne tuast deux miserables enfans qu'elle auoit eus de Philippin durant leur fole accointance, & que pour leur tenir compagnie elle ne se perçast du mesme glaiue qui les auroit meurtris; mais l'inspiration de son bon Ange fut plus forte en cet assaut que la suggestion du malin, qui esleue pour vn temps les impies par dessus les cedres du Liban, pour les precipiter à la fin dans l'abysme du desespoir. Elle s'auisa d'vne entreprise aussi sotte que temeraire (mais à quoy ne se prend-on en ces extremitez) qui fut de se rendre Maistresse du Chasteau de Montd'or, & se le conseruer par la force des armes, à quoy son courage & ses ordinaires exercices la firent resoudre; car de retourner chez son pere, c'estoit vne chose à quoy elle ne pouuoit entendre, redoutant le mauuais traittement de l'indignation de Pyrrhe, & apres tant de grandeur & de magnificence qu'elle auoit goustees en la maison de Philippin, ne pouuant se reduire à la pauureté de la paternelle, qu'elle sçauoit pour le sujet de sa desbauche estre deuenuë tout à faict incommodee. Mais Sceuole ayant eu le vent de ce dessein va droit à Montd'or, & auctorisé par la Iustice du pays fit assembler par les Preuosts toutes les Communes & inuestir cette guerriere dans ce fort, où ayāt faict plus de prouision d'hommes que de viures, elle fut liuree par ceux là mesmes qui la deuoient defendre entre les mains de Sceuole, qui se contenta de la remettre en celles de son pere, qui feignant d'ignorer l'autheur de la mort de Philippin, la reprit auidement, ne voulant point de ses enfans, que Sceuole prit en sa garde comme venus bien qu'illegitimement de son beau fils. Quand Isabelle se vit dans Vaupré enfermée dans vne obscure prison, ce fut lors qu'elle eut occasion de maudire ses fautes passees, & de recognoistre que ces tribulations estoiét les premieres que meritoient ses pechez. Nous la laisserons gemir sous la dureté de ses fers, & sous des traittemens si barbares que i'ay horreur de les raconter, pour reuenir à Sceuole, qui retourne à la Ville tout triomphant de l'execution d'vne telle Iustice, meslée de tant de clemence,

(car il pouuoit tirer vn chaſtiment plus exemplaire d'vne ſi criminelle rebellion) il faict derechef confirmer le Mariage d'Eliſe auec Philippin, & de nouueau declarer Dalimene heritiere, & ſa mere doüairiere & tutrice. Eliſe faict lire en ſon viſage les traicts d'vn veufuage plein d'amertume & de douleur; ſa voix eſt d'vne tourterelle, rien que la ſolitude ne la peut contenter. Andronic qui ne penſe pas que le mauuais traittement de Philippin ait peu engendrer vn dueil ſi eſtrange, s'imagine qu'il y a de l'artifice, où n'y a que naïfueté. Il penſe viſiter cette deſolee pour contribuer, au moins par compliment, quelque image de cóſolation à cette douleur, qu'il eſtime feinte; mais il la treuue ſi fort changée & en elle meſme & pour luy, qu'elle eſtoit meſcognoiſſable en la face, & plus encores en l'eſprit: A l'abord il eſtima que la
bonté

bonté de son naturel ayant renouuellé son ancienne Amour par la pitié d'vn accident si funeste, luy causoit tout ce rauage; & desireux, pressé de ses propres affectiós, d'y apporter quelque soulagement, comme il pense la tirer à part, elle preuiét son dessein par des fuittes si premeditees, que ne luy donnant le moyen de luy parler que deuant Sophie, ses discours n'estoient que des raisons que l'on a de coustume d'auancer en de semblables accidens. Mais en fin Sophie estant appellée en quelque autre lieu qui la laissa comme elle auoit accoustumé en la conuersation d'Andronic, Elise luy tournant le dos comme si elle eust veu vn serpent ou quelque effroyable dragon, se met à suiure sa mere, & le laisse non seulement comme vne personne indifferéte, mais detestée. Qui fut plus grand dans le cœur d'Andronic ou le defpit ou la honte, pour vn tel outrage, il feroit malayſé de le decider; car les eſclairs de ces yeux irritez le menaçoiét d'vne horrible tempeſte; la confuſion de ſe voir delaiſſé lors qu'il penſoit eſtre le plus fauorablement accueilly de cette femme, qui luy auoit rendu tant de teſmoignages d'amitié, & qu'il auoit touſiours ſi ſainctement & reſpectueuſement honoree, luy mit ſur le front plus de couleurs qu'il n'en paroiſt en cet arc qui nous denonce vn orage des cieux. Et certes puiſque cet homme eſt innocent, qu'il nous ſoit permis de dire ce mot pour ſa defence. O Eliſe, vous aurez tout loyſir de vous repentir d'auoir condamné vne perſonne ſans l'oüyr, & d'auoir ſi toſt preſté voſtre creance à vne legere conjecture; il n'y a rien ordinairement de ſi faux que les bruits de ville, car la Renommee ne ſe groſſit couſtumierement que de menſonges. Les diuers rapports & les conjectures ſont les ſonges des hommes veillans. Vous ruinez voſtre propre felicité, & pour vn leger mal de meſpris que vous faittes ſentir à ce cœur genereux, il vous en couſtera la vie: vous vous faittes autant & plus de tort qu'à luy, ains vous iettez vn fondement d'auerſion qui ſera voſtre commune perte. Qui ne s'eſtonnera de voſtre inconſtance, & de voir que celle qui en ſes plus preſſantes aduerſitez a paru plus forte qu'vn homme, pour vn vain ombrage ſe monſtre plus foible qu'vne femme, voire qu'vn roſeau qui ſe ploye au moindre vent? Qui pourra iuſtifier voſtre meſcognoiſſance, & ſouſtenir voſtre ingratitude, en ſe ſouuenāt des bons offices que ce ieune Gentilhomme vous a rendus lors qu'il s'eſt expoſé à tant de querelles & de hazards pour maintenir voſtre honneur & la validité de voſtre Mariage contre ſon auantage, & contre ſon propre contentément? Vous luy auez permis de vous aymer lors qu'il n'auoit aucune eſperance de voir les fruicts des fleurs de ſes affections; & maintenant que le iour de ſon eſpoir commence à poindre, vous le couurez d'vne nuict de deſeſpoir, non ſeulement luy interdiſant de vous aymer & de vous rechercher, la porte legitime en eſtant ouuerte, mais encores de vous voir & de vous parler. Quelque grand cœur que monſtre vne femme aux plus effroyables accidens, elle reuient touſiours à ſon naturel, & ſouuent aux plus petites rencontres elle faict voir ſa grande foibleſſe. Pareille à ce Roy captif qui ne plora point voyant tuer ſon fils, & qui donna des larmes à la mort de ſon eſclaue. A peine Eliſe que ie ne vous accuſe de

legereté, & que vous eſtimant digne
des peines que vous allez endurer, ie
n'oublie le deſplaiſir que i'ay reſſenty
au recit de celles que vous auez ſouf-
fertes. Car n'eſt-ce pas comme ce
Prince d'Iſraël, hair auſſi indignement qui vous ayme, qu'aymer iniuſtement qui vous hayt? Ie voy bien
qu'il vous en prend comme aux malades, qui ont le gouſt tellement de-
praué, que les mets qu'ils auoient en
delices eſtans ſeins, leur tournent à
contre-cœur en leur indiſpoſition;
car cette ſincere affection que vous
auez euë pour ce Gentilhomme s'e-
ſtant conuertie en hayne, ce changement n'a peu eſtre qu'extreme, l'effect
eſtant pour l'ordinaire rapportant à
ſa cauſe. Elle reſſemble à ces figues du
Prophete, ou parfaittement bonnes
ou extrememement mauuaiſes; & à ces
chairs delicates qui ſe tournent en
des corruptions d'autant plus pour-

S iij

ries qu'elles ont esté tendrement nourries. Andronic se retira pour ce coup auec mille diuerses pensees qui rauageoient son ame, & ne pouuant reposer de toute la nuict, tant il estoit agité de differentes passions, il ne fit que ruminer en soy mesme & esplucher tous les secrets recoings de son ame, pour recognoistre en quoy il pouuoit auoir manqué aux deuoirs de son Amour pour estre traitté de la sorte; & apres auoir beaucoup tournoyé dans ce labyrinthe, d'où il sortoit tousiours par la porte de l'innocence, tantost il pensoit que ce fust le peu d'assistance qu'il auoit rendu à Sceuole & à Elise en leur voyage de Belleriue & de Montd'or, où il semble qu'il deuoit tesmoigner sa fidelité & son courage, tantost il se persuade qu'Elise grandement attristee se desplaist dans les consolations, n'y ayant rien qui fasche tant parmy les pleurs que la Mufique, quoy que de foy mefme trefaymable. Mais de penfer qu'elle foit fi outrée de la mort d'vn hôme qui l'auoit tant outragee durant fa vie, & duquel elle luy auoit faict mille plaintes, c'eftoit chofe qu'il ne pouuoit admettre en fa creance. Que fera t'il parmy ces perplexitez, il efcrit, mais fes lettres autrefois fi bié accueillies fót reiettees d'vne façon qui tefmoigne vn mefcontentement qui n'eft pas petit. Cet affront paroift fort fenfible à fon hôneur, quelquefois le dépit luy confeille de le releuer, n'eftant pas à propos de fouffrir cette indignité s'il a à viure auec elle comme il le defire & l'efpere; il l'efpere, car fon Amour plus forte que cet outrage luy faict franchir toutes ces pointilleufes confiderations; il le defire, par ce que ce party luy eft extremement auantageux; il le tient pour affeuré, car il eft fondé

S iiij

en de fortes promesses. Ne pouuant donc se seruir contre les fiers assauts de sa passion ny du mespris de l'outrage ny de l'oubly de sa poursuitte, ny mesme de la patience, herbe si souueraine en tous ces maux d'esprit; il se resout à quelque prix que ce soit d'acoster Elise auec opportunité ou par importunité, car de viure dauantage en l'incertitude de la cause de sa disgrace, il estoit impossible; impossible aussi luy estant de l'aborder, parce que quelque priere qu'il en fist cette faueur luy estoit desniee, sans autre raison qu'vne indignation furieuse: il faict tant enuers Sophie, à laquelle il s'addressa, qu'il obtint la permission de parler à Elise, ouy deuant ses yeux, mais à l'escart neantmoins, & de telle façon qu'elle ne peust entendre quelque chose d'importance qu'il disoit auoir à luy communiquer: Sophie selon sa promesse fit ce commandement à Elise d'escouter Andronic, s'estonnant d'où luy pouuoit venir ce subit changemét vers ce Gentihomme qui luy auoit tant tesmoigné d'amitié, rédu des seruices si obligeans, & la conuersation duquel elle auoit autrefois euë si agreable ; car bien qu'vn bruict sourd fust venu à ses oreilles de ce soupçon sur la mort de Philippin, neantmoins elle estoit femme si sage & si auisee, que sans s'arrester à ces bruits de ville elle aymoit mieux croire à ses yeux qui luy faisoient voir beaucoup de vertus en cet honneste homme, que d'incliner trop legerement sa creance à vn murmure passager qui venoit fraper ses oreilles : elle eut beaucoup de peine à faire condescendre Elise à ce pourparlé; & cóme elle luy demandoit les raisons de la difficulté qu'elle en faisoit, estimant que ce fust quelqu'vne de ces gentilles castilles, & de ces aymables riottes qui s'engendrent ordinairemét parmy ceux qui s'entr'ayment le plus, Elife la fupplia de ne la preffer pas dauantage fur ce fuject qui eftoit dangereux, & que ce feroit tirer le fang du nez de fon enfant à force de le moucher; neantmoins comme elle eftoit humble & foumife, abattant fa volonté fous l'obeiffáce du cómádement de fa mere, elle confentit à cette entreueuë. Quand ils furent en prefence l'vn de l'autre, alors leurs contraires paffions furent fi vehementes, que les paroles qu'ils auoiét propofé de fe dire s'efuanouïrét de leurs bouches, réftans vn affez long efpace fans proferer vn feul mot, figne euident de l'emotion de leurs penfees; mais combien differentes eftoient ces penfees, car celles d'Elife eftoient de hayne & de defdain, & celles d'Andronic d'Amour & de regret. Tant il eft vray qu'vne douleur mediocre se laisse dire, mais vne extreme estonnant l'esprit surmonte le pouuoir de la bien exprimer. En fin comme la crainte de la mort de Crœsus deslia la langue à son fils naturellement muet par vn effort extraordinaire, ainsi la peur de perdre cette belle occasion qu'il auoit acheptee auec tant de peine arracha de la bouche d'Andronic plus mort que viuant ces paroles tirees de l'essence du mesme desplaisir, Madame, mon agonie est telle que si elle me donnoit le moyen de la representer, ie diminuërois d'autāt de son infinité, & i'auancerois des propos qui en offenceroient pluftoft la grandeur que d'en crayóner la moindre partie; elle seroit trop foible si elle ne laissoit le souspirail de ma plainte: tout ce qui me souftient en cette mortelle destresse est que ie la souffre à vostre occasion, de sorte que l'excellence de la cause soulage la rigueur de l'effect; car ce m'est tant d'honneur d'endurer pour vous, que pour vn si digne sujet il n'y a espece de tourmét qui au lieu de supplice ne soit tenu par moy pour vne recompense. A ces paroles ambiguës Elise iugea soudain qu'il estoit criminel & coulpable de la mort de son Mary, mais que le remords de sa faute le rendant effrayé il taschoit de la pallier par des mots artificieux, cherchát des excuses pour la rédre sinó pardónable, moins odieuse. Ce qui luy fit repartir brusquemét, Contentez vous de mon silence, Andronic, ne conuertissez point ma patience en fureur, & ne me pressez pas dauantage, de peur que ma retenuë n'esclatte par vn iuste ressentiment; contentez vous de m'auoir reduitte par vostre excecrable meschanceté au plus haut periode de douleur que puisse ressentir vne ame qui perd la moitié de soy-mesme en la perte de son Espoux. Madame, reprit Andronic, ie pardonne facilement au sentiment qu'a vostre bon naturel de la mort precipitée de celuy que la loy du Mariage vous auoit vny d'vn lien tres-estroit, car ie sçay combien fortement vous l'aymiez à trauers les mauuais traittemens dont il y a violenté vostre constance; mais ie ne puis conceuoir le ressentiment qui faict que vous m'appellez meschant & execrable, accent bien different de tant d'autres doux noms que ie vous ay autrefois veu choisir pour m'obliger; tiltres si esloignez de ceux dont vostre courtoisie iadis fauorisoit non mon merite, mais ma fidelité, qu'il faut que ie vous dise que comme la mousche qui faict le miel est celle qui picque le plus sensiblemét, & comme le miel si doux à la langue est fort aigre aux playes, & comme il n'y a rien de si ardant que l'huille quãd elle est eschauffee, ainsi les outrages qui me viennét de vostre bouche me sont d'autant plus douloureux que i'en ay receu plus de consolations & de gratifications: faut-il que ie sois si malheureux de voir le feu de mes blesseures prouenir du lieu mesme d'où i'attédois ma guerison? Est-il biẽ possible apres vne telle metamorphose que vous reteniez le nom de cette Elise qui me tesmoignoit tant d'amitié lors qu'il luy estoit moins loysible de m'aymer, de cette Elise que i'ay si sainctement honoree, & que malgré toutes ces contradictions ie cheris encore plus que ma propre vie? Ie ne sçay plus comment vous nommer, & ie ne sçay point qu'il se puisse treuuer de terme assez energicque en aucun idiome qui puisse exprimer comme il faut vne telle inconstance,

Au moins, Madame, que ie sçache la raison qui a rendu si long temps vostre pitié sourde à mes prieres, & apres cette cognoissance que le ciel tranche ma vie par le couteau de vostre rigueur quand il luy plaira. C'est la moindre faueur que ie puisse esperer de vous, puisque ie la tirerois de l'inclemence mesme, n'y ayant rien de si iuste que de faire sçauoir à vn criminel la cause de son supplice, ny de si iniuste que de luy celer. Si vn petit nuage peut oster à nos yeux la veuë du Soleil qui est si grand, reprit Elise, il est bien aysé auec vn moindre crime d'en voiler vn de plus grande importance : mais ce Dieu qui voit tout, qui cognoist les secrets des cœurs, qui sonde les obscures cachettes de nos reins, qui se sert des choses moins apparentes pour faire cognoistre les plus couuertes, & qui peut tirer la lumiere de la verité du milieu des plus espoisses obscuritez de la mensonge, veut encores se seruir de ma bonté & de la consideration de cette amitié que ie t'ay autrefois portee, pour te donner le moyen d'euiter vn honteux supplice, & de te retirer promptement des lieux où c'est merueille que tu puisses auoir tant d'asseurance, y ayant commis vn si grand forfaict. Mon silence & ta retraitte te seront plus salutaires que mon discours ny ta demeure: pleust à Dieu que tu n'eusses point faict ce que ie n'ose te dire, parce que ie n'ay pas assez de front pour rougir de la perte du tien; contente toy que mon honneur estant attaché auec ta vie, pour ne perdre l'vn ie veux conseruer l'autre, encores que celuy-là me soit aussi precieux que celle-cy m'est detestable. Tout cela estoit beaucoup dire, mais il n'y auoit encores rien de dict de ce qu'il falloit dire; & que personne

sonne ne s'eſtonne de la longueur de
ces ambages & de l'eſtenduë de ces
circõlocutions; car puiſque la paſſion
eſt vn labyrinthe, il n'eſt pas de merueille ſi elle a pluſieurs contours. Andronic ayant eu quelque ſentiment
des bruicts qui couroient à ſon deſa-
uantage ſur la mort de Philippin, ſe
doute bien à peu prés où aboutit cette accuſation, ſe conſolant en l'eſpoir
de voir finir cette mine qui le menaçoit d'vn grand eſcarre apres qu'elle
auroit pris vent, ſe fondãt ſur la verité
de ſon innocence; c'eſt pourquoy de
peur d'effaroucher cette femme (ſa-
chãt bien qu'il n'y a rien de ſi ardant
qu'vne abeille quand elle eſt irritée,
puiſqu'elle met ſa vie en la playe
qu'elle faict, ne picquãt iamais qu'elle n'en demeure bleſſee à mort) il feignit d'ignorer où ſe terminoit ſon
courroux, en luy diſant que quand
on endure vne peine meritee elle ſe

T

rend d'autant plus tolerable que l'on croit par elle expier son peché de la souffrir sans coulpe; il estoit bien dur, mais trop plus insupportable de patir innocemment, & encores en ignorant la cause de sa souffrance: & alors se iettant aux pieds d'Elise d'vn ton plus haut & plus fort, que le lieu où il estoit, & la presence, vn peu escarté de Sophie, ne sébloit luy permettre, Madame, poursuiuit-il, ie mourray icy ou i'apprendray de vostre bouche quel peut estre le suiect qui me met en vne si fiere disgrace; & ie ne vous lascheray point que vous ne me donniez cette satisfaction de me faire sçauoir de quelle mort ie mourray; car ie prends le Ciel à tesmoin si ie me sens coulpable de rien qui puisse vous estre preiudiciable. Ie vous supplie de ne donner aucune place aux calomnies & aux rapports au preiudice de ma sincerité. Qui fut bien estonnee ce fut Elise, laquelle surprise de le voir en cet estat & deuant les yeux de sa mere, ne sçauoit à quel party se ranger; c'est pourquoy le priant de se releuer, ce qu'il ne vouloit pas faire, elle luy dit assez bas, Contentez vous que ie ne sçaurois parler sans offencer mon honneur & vostre vie, & qu'au milieu de la haine dont ie deteste vostre meschanceté, ie reserue cette estincelle de mon ancienne affection pour la conseruation de l'vn & de l'autre, à quoy ie me sens obligée non tant pour aucun bien que ie vous vueille, que pour le respect que ie ne dois à ma modestie. Madame, reprit le desesperé Andronic, ce n'est pas m'esclaircir, mais me replonger en de nouuelles obscuritez, ie vous prie de destoiler ces enigmes, & ne me rediré pas en autres termes la mesme chose que vous m'auez desia ditte; car que

T ij

peut craindre celuy qui ne redoute pas la mort? & tant s'en faut que ie la redoute, qu'au contraire si ie perds voſtre grace ie la deſire pour me deliurer d'vne vie qui me ſeroit plus faſcheuſe qu'elle eſtant priué de voſtre amitié. Tout ce qui m'eſtonne c'eſt voſtre honneur que vous dittes eſtre engagé à ma conſeruation, & en cela peut eſtre auez vous mieux rencótré que vous ne penſiez; car quand on ſçaura la pureté de mes intentions, la grandeur de mes affections, la ſincerité de mon ame, & combien de hazards i'ay courus pour vous rendre des preuues de mon ſeruice, & que vous m'aurez recompenſé d'vn deſeſpoir qui m'aura enleué la vie, vous aurez de la peine à vous leuer la tache d'ingratitude, qui comme vn eternel diffame demeurera ſur la candeur de voſtre eſprit. Que ſi iamais il m'arriua, non d'attenter, mais de penſer ſeulement à chose qui peust tant soit peu preiudicier à vostre honneur, pour la conseruation duquel ie prodiguerois mille vies, ie ne veux pas que iamais le Ciel me pardonne vne telle faute.

Car si dés le premier moments
  Que d'vn libre consentement
  Ie vous consacray mon seruice,
  J'ay rien contre vous attenté,
  Que le Ciel d'vn nouueau supplice
  Punisse ma temerité.

Cependant, Madame, ie ne puis conceuoir cet Enigme, qui me veut faire croire que pour conseruer vostre honneur vous auez pitié de ma vie, ostât à ma vie cette pitié qui est l'huille de la lampe du feu qui l'anime. Que si c'est vn crime que vous auoir aymee, respectee & honoree, aussi religieusement que l'on puisse faire vne creature vertueuse & accomplie comme vous estes, i'aduouë non seulement cette coulpe, mais ie m'en vante, & protefte de ne pouuoir m'en repentir: helas! fe pourroit il bien faire que cette vie que ie traine peuft preiudicier à voftre honneur, elle que pour le fouftien de voftre honneur i'ay tant de fois expofée au peril de la mort. Eftimez vous que fa perte dont vous me menacez me puiffe eftonner à l'efgard de celle de vos graces? non certes, car puifque ie ne la veux conferuer que pour voftre feruice, ie ne la fçaurois mieux employer qu'en la perdant pour la defence de voftre Reputation. Que n'ay-ie vn million de vies pour les perdre toutes pour vne fi bonne caufe, & pour vous monftrer au moins par la multiplicité des tourmens qui me les feroient perdre la multitude de mes affectiós. Ie vous fupplie donc que la perte de ma vie ne vous retienne point de me dire la caufe de voftre mefcontentement, si vous ne voulez que ie la perde sans en sçauoir la cause, qui est l'extreme poinct où la cruauté puisse aller: ne me deniez pas cette derniere faueur, que ie tiédray pour vne espece de grace en la cognoissance du suject de ma disgrace, & puis apres cela

Que mon sort soit heureux, ou qu'il soit
　　malheureux,
Qu'il me soit gracieux, qu'il me soit rigou-
　　reux,
Qu'il me soit fauorable, ou qu'il me soit con-
　　traire;
Qu'il vous rende docile, ou sourde à la pitié,
Il ne pourra iamais autre part me distraire,
Ny destacher de vous ma fidele amitié.

Il me sera facile de me resoudre à la mort apres la priuation de ce que i'auois de plus cher en la vie, que dis-je, certes il me seroit plus malaisé de me resoudre à viure, ou plustost de suruiure à vne telle perte; mais de perdre la vie sans sçauoir la cause qui me faict mourir, c'est à quoy ie ne puis me resoudre, si ie ne veux m'enterrer auec la qualité du plus insésé de tous les humains. C'est pourquoy ie vous prie de permettre que ie vous presse auec toute sorte d'importunité de me declarer le fondement de ma condamnation; autrement ie croiray que les paroles que vous m'auez donees & les promesses que vous m'auez faittes mesmes par escrit, comme ie le puis aysement verifier, n'estans procedees que d'vne humeur volage, naturelle à vostre sexe, ie n'en deuois attendre que des effects de pure inconstance. Icy Elise se sentit picquer au vif, & toucher, comme l'on dict, en la prunelle de l'œil. Ce qui fit que tranchant brusquement ce long discours, toute enflammée de despit, & toute rouge de cholere, elle luy repliqua. Quoy! me ramenteuoir mes paroles, & ramener mes promesses pour m'enueloper en vostre crime, & me laisser aller à la recherche du meurtrier de mon mary; & Dieu ne puniroit point ma desloyauté & ta perfidie! va traistre, & le plus soüillé d'infidelité que la terre porta iamais; est-ce donc ainsi que tu abusois de ma trop facile credulité & simplicité, pour me rendre complice (bien qu'innocente) de la fraude sanglante que tu minutois en ton entendement? Va crocodille, qui plorois deuant moy pour me deuorer, & pour me rauir l'honneur auec la vie; ce n'estoit pas sur les miseres que ie souffrois alors, que tu contribuois des larmes, mais sur les malheurs que tu me preparois, & ie me fierois iamais à la foy & aux paroles d'aucun homme, ô! que le Ciel me chastie de toutes les rigueurs imaginables s'il m'arriue vne autrefois de m'y laisser piper. A ces mots proferez d'vne façon qui tefmoignoit que l'excés de l'indignation auoit mis cette femme hors de foy: Andronic recognut clairemét la verité de fa deffiance, de quoy bien ioyeux en foy mefme, à caufe du tefmoignage de fa confcience qui le rendoit incoulpable, au lieu de releuer cette inuectiue d'vn ton aigre & poignant, foufriant à demy, & comme pour effacer doucement cette erreur qui luy fembloit plaifante: Et bien, Madame, reprit-il, quand i'aurois cómis ce crime dont vous m'accufez, qu'aurois-je faict finon rendre à Philippin ce qu'il auoit voulu me prefter en l'attétat de Valfran? mais ie n'ay pas l'ame fi lafche que de donner de telles commiffiós à autruy, ny de faire par moy mefme fi traiftreufement de telles executions. I'ay defiré plufieurs fois de le voir l'efpee à la main, fans autre auantage que de mon courage, & de la Iustice de vostre cause, mais nous auons esté empeschez en ce dessein par nos amis communs. Mais quand ie l'aurois precipité où son malheur l'a faict tumber, qu'aurois-je faict en cela, sinon l'office d'executeur de la Iustice diuine, laquelle vaincuë par ses indignitez a esté comme forcée de l'exterminer de la face de la terre, où il menoit vne vie si infame & si scandaleuse? Et à vous, Madame, quel seruice vous aurois-je rendu en rompant les liens de vostre esclauage, & de la plus dure tyrannie qui se soit iamais experimétee? Mais comme ie vous quitte les graces que vous me deuriez, si ie vous auois rendu vn si bon office, aussi ne deuez vous pas m'accuser d'vn crime que ie n'ay pas commis mais pour le vous confesser ingenuement, que i'ay quelquefois pensé; car comment n'eusse-je desiré la mort de celuy qui auoit conjuré contre ma vie,

& de celuy qui en vous possedant mo rauissoit barbarement la plus chere pretension que i'eusse en ce monde? Par ces paroles Elise creut asseurémét qu'Andronic auoit pour le moins faict faire cet assassinat, ce qui la fit éclatter en ces mots pleins de fureur & d'indignation : Ha! desloyal, tu ne te contentes pas de confesser ta faute, mais tu en fais gloire, l'estimant non seulement digne de grace, mais de loüange, ne voulant pas pecher auec impunité, mais auec raison ; & pour m'embarquer dans le vaisseau de ta honte, pour me porter auec toy dans le desbris du nauffrage de ton honneur, tu me veux couurir de ton infamie ; sçache cruel, qu'encores que Philippin me fust seuere, il n'eut iamais l'ame si lasche & si traistresse que toy ; mais la chose n'en demeurera pas là, car au lieu que tu veux sacrifier mon honneur à ta passion, i'immoleray ta vie à ses Manes. Elle proferà ce discours irrité si hautement, qu'elle conuia Sophie d'accourir à elle, car auec cela elle cria si fort, qu'il sembloit qu'Andronic la pressast de quelque chose de fort iniuste: à laquelle elle dit, Voyez, ma chere mere, à quoy vous m'auez reduitte par vostre commandement, à entretenir le meurtrier de mon mary: me deuiez vous tant tourmenter pour me faire prester l'oreille à ce brutal, qui non satisfaict du sang de Philippin, veut encores par certains artifices autāt abominables que malicieux tauir l'honneur de sa femme? & iugez si i'auois tort d'euiter si soigneusement vn escueil si perilleux: non seulement il aduoüe son crime, mais il s'en vante, & qui est le comble de sa meschanceté, enueloppant l'innocence auec la coulpe, il semble qu'à l'ayde de certain papier que ses artificieuses importunitez ont arraché de ma simplicité, il me vueille rendre consentante de cet homicide, auquel si i'amais ie pensay, ie ne veux pas que la Iustice du Ciel ny celle des hômes me soit propice. Si Sophit fut esperdüe oyant ce langage, ie le vous laisse iuger : & durant l'estonnement qui la saisit, Andronic eut le temps de dire à Elise, Madame, vous auiez assez d'autres moyens pour vous deffaire de ma vie (quand mesmes vous n'eussiez employé que celuy de vostre rigueur) sans vouloir encores precipiter mon honneur dans vn abysme de honte, qui m'est insupportable. Cela c'est violer aussi cruellement les loix de l'amitié, que barbarement celles de la courtoisie; mais ie veux bien que vous sçachiez que comme ie vous ay aymé honorablement & vertueusemét, ces deux soustiens venans à manquer, mon

Amour va en ruine; i'honore l'A-
mour quand il a la Vertu pour prin-
cipe, mais i'ayme l'Honneur par vne
preference finguliere à la vie & à
toutes chofes. Qui me touche en
l'Honneur me touche en la prunelle
des yeux, car c'eft la feule chofe du
Monde que ie pouuois preferer à voftre amitié; mais puifque cette amitié
fe veut rendre ruineufe à mon Honneur, ie vous declare que ie la tiens
pour inimitié, & inimitié mortelle; car iamais perfonne de quelque
qualité & condition qu'elle foit
n'attentera à mon Honneur, que ie
ne luy face perdre la vie. Pardonnez
moy en perdant la reuerence de l'A-
mour, comme vous faittes banqueroute à la fidelité & à la verité, fi ie dis
qu'il eft faux que i'aye confeffé d'eftre
coulpable du meurtre de Philippin,
dont ie detefte l'autheur & l'action
autant que vous fçauriez faire auec

toute l'affeterie de voſtre dueil ceremonieux, non certes pour la perte de cet homme qui me haiſſoit, mais parce que i'ay en abomination vn aſſaſſinat ſi deteſtable; vous deuiez vous contenter de voſtre perfidie, & de violer vos ſermens & l'eſcriture de vos promeſſes, ſans chercher cet odieux pretexte qui vous faict conjurer la perte de celuy qui a prodigué ſon ſang pour le ſouſtien de voſtre honneur: mais viue ce Dieu qui eſt dedans le Ciel, reuelant les ſecrets des cœurs & les cachettes des tenebres; ie renuerſeray cette meſchanceté ſur voſtre teſte; & afin que vous ſçachez que ce fut l'Amour & non l'intereſt qui me fit vous rechercher tant que ie vous ay creuë vertueuſe, renonçant dés à preſent aux paroles que vous m'auez donnees, & aux eſcrits que i'en ay de vous, ie vous feray paroiſtre à la face de la Iuſtice & de tout
le

le monde que ie suis innocent du crime que vous m'imposez, & que vous estes coulpable de la plus insigne perfidie qui fut iamais faitte. Auec ces paroles Andronic passa la porte, laissant la mere en d'extremes perplexitez, & la fille en vne cholere qui ne se peut conceuoir que par vne femme outragee d'vn tel affront par vn homme qui l'auoit tousiours respectueusement honoree.

FIN DV QVATRIESME LIVRE.

ELISE.
LIVRE CINQVIESME.

CEPENDANT Elife dict à sa mere que cette affaire est de telle consequence, qu'elle iuge à propos de luy en communiquer en la presence de son pere. Elles vont à la chambre de Sceuole, auquel Elise accōpagnée de Sophie recita tout ce qui c'estoit passé entre elle & Andronic du viuāt de Philippin, les promesses qu'ils s'estoient faittes, & par parole & par escrit, sur lesquelles elle fondoit vne forte conjecture qu'Andronic eust faict assassiner son mary; ce que mesmes il venoit de luy auoüer, mais en termes si ambigus

& couuerts, qu'encores qu'expressement il ne confessast pas ce crime, neatmoins il estoit facile à iuger qu'il en estoit consentant; que pour elle faisant ces promesses elle n'auoit iamais pensé à d'autre mort de Philippin que naturelle, n'ayant iamais eu aucun dessein contre sa vie par aucun effort sanguinaire, ny par poison, qu'elle supplioit tres-humblement son pere de l'ayder en la poursuitte qu'elle vouloit faire contre Andronic, n'y ayant rien de plus iuste à vne honneste femme que de rechercher par la Iustice la végeance du meurtre de son Espoux. Steuble fut grandement surpris d'entendre tout cecy, & comme il estoit sçauant Iurisconsulte, il iugeoit bié que cette fusée estoit fort embrouillée; il préd sa fille à part, luy promet toute assistäce, mais la cōjure de ne s'embarquer point en vne si perilleuse nauigation sans vn ferme

V ij

biscuit de patience & d'innocence, la prie de luy dire franchement comme à son pere, qui voudroit cacher ses fautes de son manteau, & sauuer sa vie par la sienne, si elle n'auoit point eu quelques paroles auec Andronic cōtre la vie de Philippin, parce que les querelles qu'ils auoient euës en donnoient quelque ombrage: Elise l'asseure que non, & que si elle ne se sentoit entierement exempte de coulpe, elle ne tenteroit pas vn si hazardeux dessein. Là dessus Sceuole luy faict voir sa grande indiscretion en cette promesse par escript, qu'elle auoit faitte pendant la vie de Philippin, disant que c'estoit là l'escueil où Andronic auoit faict naufrage ; & bien qu'elle fust innocente de l'effect, neantmoins le monde l'en estimeroit la cause: de sorte que si Andronic l'auoit tué du canif, elle l'auoit tué de la plume, d'autant qu'elle sembloit auoir donné le motif à l'execution, de maniere que l'on pourroit en quelque façon chanter d'elle ce que le plus ingenieux des Poëtes graua sur le tombeau de l'Elise de Carthage.

Auec ses propres mains Elise infortunée
Finit d'vn mesme coup sa vie & son tourment,

Il est vray que l'ingrat & desloyal Ænée
Luy fournit de sa mort la cause & l'instrument.

Ma fille, luy disoit-il, il est bien permis à vne femme durant son Mariage de promettre à IESVS-CHRIST de le prendre pour Espoux si elle suruit à son mary, c'est vn conseil que donne l'ancien Origene aux Dames mariees qui font vne particuliere profession d'embrasser la pieté, & c'est ce vœu que le ialoux Tertuliá desire si esperduëmét de sa féme : mais de promettre mariage à vn autre hóme durant la vie du premier mary, c'est vne

V iij

action non seulement defenduë par
les loix, mais qui donne vne violente
conjecture d'adultere & d'homicide:
& tout ainsi que le recelleur & le lar-
ron sont sujets à mesme supplice,
ainsi celle qui en consequéce de semblable promesse donne occasion à
son poursuiuát d'executer vn si mauuais coup : Ma fille il y a icy plus de
difficulté qu'il ne vous semble, &
quád vostre cádeur se iustifiera par les
procedures de la Iustice, vostre honneur sera tousiours flestry de quelque
cicatrice en l'opinion des hommes,
& principalement de ceux qui ialoux
de ce qu'il y a de bien & de dignité
en ma maison, estimeront que mon
credit vous aura plustost sauuée que
vostre innocence : mon auis est que
vous vous teniez sur la defféfiue, sans
entreprendre d'attaquer Andronic sinon auec de plus fortes preuues ; car
Dieu qui par le temps enfante la ve-

rité ne laissera point impunie vne telle faute. A cela Elise, Mais mon pere, veut-on vne plus euidente preuue que sa propre Confession? ie m'asseure que si seulement on le faict appeller, sa conscience le contraignant à la fuitte fera voir son crime au iour, car ce qu'il l'a nié deuant ma mere est vne marque d'accusation, n'y ayant rien que l'on rejette auec tant d'ardeur qu'vne faute dont on se sent coulpable, ioint que personne ne publie ouuertement son deshonneur: & est-il possible que le bruict cómun ne vous ait point appris qu'il y a de grãds indices contre Andronic, lesquels deuiendront de claires conuictions par la moindre formalité de Iustice? Ma fille, reprit Sceuole, ie suis du mestier, & souuenez vous que ce que l'on pense souuent estre le plus notoire s'embrouille tellement par les procedures, que c'est comme vn ruisseau qui clair en sa source deuient trouble & bourbeux en son cours: souuent l'innocence patit pour la coulpe, & tel se pert qui plaide malicieusement pour perdre autruy. O Elise, si tu eusses receu ces paroles paternelles comme des oracles, tu ne te serois pas pour ton opiniastreté feminine precipitée dás la misere où tu te vas plonger, en luy respódant ainsi. Mósieur, ie vous dois la vie, mais ie me dois la conseruation de mon honneur; ie suis vefue & iouïssante de mes droits, ce n'est pas que ie vueille me soustraire de la soumissió que ie vous dois, ny m'escarter de vostre obeïssance; mais ie vous supplie de permettre à ma iuste douleur qu'en vengeant la mort de mon mary, ie face mentir & mourir le traistre, qui non content de luy auoir arraché la vie, me veut encores arracher l'honneur: i'espere faire voir qu'il est le seul coulpable & de sa

LIVRE V. 313
mort & de ma surprise. Elle sort de deuant son pere, resoluë d'attaquer Andronic; mais le Soleil n'a pas plustost ramené le iour qu'elle se voit preuenüe en cette entreprise par son aduersaire; car il la faict citer pardeuant l'Official pour recognoistre sa promesse de mariage, & pour r'apporter la siéne; cette citation est communiquée à Sceuole, qui va bien plus viste, car il faict ietter Andronic dans le fonds d'vne prison, l'accusant sous le nom d'Elise comme meurtrier de Philippin. Andronic a des parens dans la ville, & mesmes dans le corps de Iustice, où Sceuole tient vn rang principal; ils le vont aussi tost treuuer en la prison, où leur ayant protesté de son innocence, & dict que c'estoit vn artifice d'Elise pour inualider ses promesses par cette fausse accusation; Voyla, leur dict-il, comme elle se coupe la gorge de son propre glaiue, car

si i’auois faict ce coup (ce qui ne se preuuera ny se treuuera iamais) il faudroit que ce fust à sa persuasion & par l’instigation de ses promesses. Là dessus les parens d’Andronic presentans requeste contre Elise obtiénent de la Iustice qu’elle tiendra prison pour se iustifier du mesme crime: Sceuole qui se fie sur l’innocence de sa fille qui s’appuye sur son auctorité, & au reste qui est iuste & homme de conscience, bien qu’il ressente de la contradiction en cette action qui luy semble peu honorable, neantmoins pressé par Elise mesme qui court se rendre volontairement prisonniere, tant elle est animee de vengeáce cótre Andronic, dót elle tient la ruine pour asseuree; il consent à cet emprisonnement. Voyla nos Amans ennemis en des lieux separez qui courét à bride abbatuë à leur perte par le chemin d’vne hayne reciproque. Andronic se voit accusé d'vn homicide auquel il n'a pas pensé, & poursuiuy à mort par celle dont il esperoit les plus grandes felicitez de la vie: & Elise se voit accusée comme consentâte de cette mort par celuy là mesme qu'elle croit l'auoir procuree. En fin leur innocence eclypse dans les ombres de ces cachots, & ils apprennent à leurs despens que les prisons sont comme les nasses, dont on ne sort pas si facilement comme l'on y entre. Andronic interrogé nie absolument d'auoir faict ny faict faire ce meurtre, mais il auoit affaire à vne si habile partie qui estoit Sceuole, & qui sçauoit si exactement recueillir toutes les particularitez qui le pouuoient rendre coulpable, qu'à la fin tout le monde semble coniurer sa mort; car toutes ses paroles, ses menaces, ses querelles auec Philippin sont examinees, ses frequentations chez Sceuole auec

Elise, cette promesse qu'elle recognut auoir esté tirée de sa simplicité, monstrant reciproquement celle qu'Andronic l'auoit forcee de receuoir de luy, signee de son sang, presage de sa funeste entreprise; & pour ne faire icy vne procedure de procez, toutes les circonstances & conjectures du temps de l'assassinat de Philippin, auec les dernieres paroles du mort, qui sembloient accuser Elise de le faire tuer par la main d'Andronic, qu'il appelloit traistre: tout cela le rendit criminel de telle sorte, que la voix des Iuges, suiuãt ce qui estoit produict & prouué, & en suitte mesme de l'opinion d'vn chacun, qui se changea en creance par la production de cette promesse de Mariage, alloit à la mort: il ne reste que de le confronter auec Elise. Or comme de la collision des qualitez contraires qui sont dans vn nuage se forme ce carreau de foudre qui met en poudre les lieux où il tombe; ainsi de cette entreueuë apres mille esclairs flamboyans & estincellans, non plus d'Amour, mais de hayne, qui sortoient de leurs yeux, le tonnerre de leurs paroles se fit entendre, qui mit en mille morceaux & leur reputation & leur vie; car Andronic ayant eu le vent qu'apres cette confrontation il alloit perdre la teste, porté de desespoir, se resolut de trainer à son supplice celle qui l'accusoit auec tant d'iniustice; & tournant son ancienne affection en vne mortelle inimitié, il se resolut d'auoir pour compagne en la mort celle qu'il n'esperoit plus pour compagne en la vie. Adonc quand ils furent en presence l'vn de l'autre, comme Elise luy representoit ce qu'il luy auoit dict chez Sceuole, où il sembloit qu'il s'accusast en termes obscurs: Il est vray, repartit Andronic auec vn ton furieux & vn regard trauersé, que i'ay desiré la mort de Philippin, & que ie l'ay recherchee, & ie ne me fafcherois pas d'eftre accufé de l'auoir tué, ny mefme de l'auoir fait, pourueu que ce fuft felon les reigles de l'honneur qui font obferuees par la Nobleffe; il me defplaift qu'eftát mort comme il eft, l'on me charge de l'auoir faict mourir ainfi: mais quand cela feroit, ce ne feroit qu'à ta perfuafion, ingrate Elife; car qui ne fçait que c'eft pour toy que i'ay eu des querelles auec luy, que c'eftoit pour te deliurer de fa tyrannie que i'ay mis ma vie au hazard? combien de fois as tu foufpiré à mes oreilles la douleur de ta feruitude? & pourquoy cela finon pour enflammer ma cholere par la pitié de ton defaftre, & pour me porter au naufrage où tu me vois par ton chant pipeur, ô defloyale Syrene? Meffieurs, dict-il aux Iuges, tout defefperé, fi

LIVRE V. 319

vous treuuez que ie fois coulpable, voyla la cause de mon mal, monstrant Elise; car si i'ay tué ou faict tuer Philippin, c'est cette furie qui me l'a faict faire. Elise se sentant innocente se rit de cette accusation, mais les Iuges luy disent qu'il y a plustost dequoy pleurer pour elle, car la plus forte preuue contre Andronic estant fondée sur la promesse qu'il auoit tirée d'elle de l'espouser apres la mort de Philippin, la presomption n'estoit-elle pas aussi pressante contre elle, qui auoit retiré de la main d'Andronic vn escript tout semblable? Ils treuuent ces accusations tellement connexes, qu'ils ne peuuent condamner ny absoudre l'vn sans l'autre. Elise a beau pleurer & protester de son innocence, Andronic a frappé vn coup qui les portera tous deux à la mort: quoy que sçache faire Sceuole, sa science se treuue engloutie en cette

affaire, son credit ny son auctorité ne peuuent arrester ce torrent qui va rauager l'honneur de sa maison: ses propheties se rencontrent veritables au grand regret d'Elise, qui se repend, mais trop tard, d'auoir preferé l'impetuosité de son iniuste cholere au conseil salutaire que son pere luy donnoit. En fin pour franchir legerement ce fascheux passage, elle se voit toute innocente qu'elle est condamnee comme vne infame adultere, & comme vne cruelle homicide de son mary, à perdre la teste, auec Andronic, comme complice de sa deshonnesteté, & comme meurtrier de Philippin; c'est vn Arrest souuerain & qui ne reçoit aucun appel; s'il est prononcé le matin, il est executé sur le soir, où les infortunez Amans seruirent de spectacle tragique à toute la ville. Sceuole ne pouuant boire l'amertume de ce calice, ny supporter
l'indignité

l'indignité de cet affront s'absenta, sa femme Sophie en prit un tel creve-cœur, qu'en trois iours la mort la versa dans la tombe. Elise abandonnée de la Terre n'a plus de recours qu'au Ciel, la voyla venuë en la haute mer de l'angoisse, où la tempeste luy promet vn naufrage asseuré: elle entend son arrest, lequel portant le foudre auec l'eſclair, frappa d'vn assaut si peu attédu & tát inopiné son esprit, qu'elle en pasma de frayeur, & pésa mourir de peur de mourir: heureuse en ses deplorables malheurs si cette mort eust peu anticiper sa honte. Reuenuë de cet éuanouïssemét, la face peinte des couleurs de la mort, les yeux haues & battus, les leures perses, d'vne voix tremblante & entrecoupee de mille sanglots, elle fit entendre ces tristes plaintes: Qui m'a rédu cet impitoyable deuoir de r'appeller mon ame dans ce miserable corps pour l'en retirer par vne seconde separation plus dure & plus cruelle que cette premiere côme plus ingenieuse & plus infame? Qui m'a rauy la paix que ie ressentois en cette douce lãgueur pour me trainer, victime incoulpable, à la guerre d'vn sacrifice aussi sanglant qu'iniuste? ô Elise, faut-il que tu sois l'opprobre de ton sang, le deshonneur de ta race future? Que sont deuenuës tes pompes, tes grandeurs & tes honneurs? O mon cher Philippin, n'estoit-ce pas assez que ie te perdisse, sãs me voir encores non seulement accusee côme la cause de ta perte, mais condamnée comme coulpable de ta mort? ha! cruel Andronic, que les honnestes respects que tu m'as autrefois deferez me sont deuenus nuisibles, & que ta conuersation jadis si douce est changee en vne cruelle amertume! ô que ie paye cherement l'interest de ma simplicité & de mon inconsideration! Ha barbare, tu sçais bien le contraire de ton accusation; mais tu n'estois pas rassasié de la vie du mary, si tu ne desalterois ta soif enragée du sang de la femme: encores si comme tu as faict à mon Espoux, tu me faisois perdre la vie sans m'arracher l'honneur ; mais il falloit que tu adjoustasses ce comble à la mesure de ton insatiable cruauté. Hé! Iuges, que ne pouuez vous voir dans mon innocence; vn iour (mais il ne sera plus temps) le iuste Ciel qui voit l'outrage que vostre iniustice me faict, rompant le voyle d'vne fauce accusation, vous la fera voir, & alors vous rendrez à mes cendres l'honneur que vous me rauissez. Nous poursuiurions dauantage la poincte de ces regrets encores plus pitoyables qu'on ne les sçauroit imaginer, si nous n'auions peur de faire naistre de la pitié dans ces cachots, où l'inflexible rigueur faict vne eternelle residence. Et puis la presence d'vn Dominicain (car les Religieux de cet Ordre comme ils sont en grande estime par tout, le sont principalement en la ville où se passa ce triste euenement) temperant par sa parole l'extreme douleur de celle qui se plaignoit ainsi sans consolation & sans conseil, la rangea en peu de temps à recognoistre que ce desastre ne luy arriuoit point sans quelque secret de la prouidence de Dieu, qui ne pouuoit tourner qu'à son plus grand bien, pourueu qu'elle ne prist pas de la gauche ce qui le deuoit estre de la droitte, ne saisissant pas ce tison par où il estoit bruslant; Mon pere, luy dict-elle, ce n'est pas la mort que ie redoute, sçachant que c'est le commun terme des humaines miseres, au contraire ie l'ay desirée autrefois auec de nompareilles impatiences au fort des outrages de ma mauuaise fortune; & si la loy de Dieu ne nous eust defendu d'auoir recours à vn trespas volontaire, i'y eusse courru cóme à vn haure de grace, à vn port asseuré, & à vn Azile de salut; mais que cette mort me face encourir l'infamie du double crime dót ie suis accusée, quoy que ie sois exépte de l'vne & de l'autre tache, c'est ce qui rend mon déplaisir inconsolable, ce qui m'empesche de former en mon ame vne bonne resolution; & ce qui m'est le plus grief, c'est que la honte de cette tache rejaillit sur tant de personnes de qualité ausquelles i'ay l'honneur d'appartenir en ce lieu; car pour dire la verité, la douleur de la mort de mon corps n'a rien de comparable auec cette amertume tres-amere qui accable tout à faict mon esprit. Madame, reprit le Religieux, si c'est la cause qui faict le martyre, & non la peine, si vous estes innocente de ce qui vous est imposé, vous ne deuez point craindre la perte de vostre Honneur, ny aucune infamie; car celuy qui tire la lumiere des tenebres, sçaura bien au temps que sa Prouidence a determiné faire paroistre vostre iustification à ceux-là mesmes qui vous condamnent. Les Disciples d'vn Philosophe ancien, regrettans de le voir condamné à vne mort iniuste, Hé! mes amis, leur dict-il, voudriez vous que ie mourusse coulpable? ce que vous estimez le haut poinct de vostre desolation, deuroit estre, selon mon iugement, le fort de vostre consolation. Que si vous iettez les yeux sur l'exemplaire des Chrestiens, le Sauueur Crucifié, y a-t'il rien de cóferable à cette innocence qui deffie tous ses plus mortels ennemis de le reprendre d'aucun defaut? & se peut-il imaginer quelque douleur qui égale son supplice? cepédant ce que ses aduersaires auoient projetté pour obscurcir sa gloire a esté le comble de sa grandeur, & le gibet de la Croix autrefois ignominieux est le plus precieux ornement des Diademes & des Couronnes. Le iugement des hommes vous doit peu soucier, c'est Dieu qui vous iuge, & qui les iugera, & leurs iustices aussi: ils sont ordinairement mensongers en leurs balances, le temps viendra que la cachette des tenebres sera reuelee, & le secret des cœurs manifesté, & alors vn chacun sera loüé ou blasmé selon qu'il aura merité veritablemét. Cependant, Madame, employez ce peu de téps qui vous reste de vie, non point à plaindre inutilement le retranchement de vos iours, non à protester vostre innocence, non à declamer contre vostre mauuaise fortune, non à reprendre la sincerité de vos Iuges, qui ne vous ont condamnee que selon leurs loix, qui sont les reigles de leurs consciences, non à inuectiuer contre vostre partie, puisque le Seigneur deuant le tribunal duquel vous allez comparoistre veut que l'on soit d'accord auec son ennemy durant que l'on est en la voye de cette vie; autremẽt il n'auroit pas agreable le sacrifice que vous luy allez faire de vostre cœur & de vostre corps: gardez vous bien d'endurcir vostre cœur aujourd'huy que vous entendez la voix de l'Espoux celeste qui frappe vostre oreille par ma langue, car il est escript que ceux qui auront le cœur dur feront vne mauuaise fin. Ce discours fut proferé auec tant d'efficace par ce bõ Religieux, à qui nous donnerons le nom de Symphorian, que le courage d'Elise fortifié d'vne part contre les assauts de la mort & de l'ignominie, fut adoucy de l'autre enuers Andronic, se disposant à luy pardonner sa mort, sans considerer qu'elle estoit autant & plus cause de la perte de ce Gentilhomme qu'il ne l'estoit de la sienne. Apres auoir donc deschargé sa conscience aux oreilles de ce bon Pere, & protesté deuant Dieu à ce tribunal de Penitence, où c'est vn crime inexpiable que de mentir au S. Esprit, qu'elle n'estoit aucunement consentante de l'assassinat de Philippin, elle adora neantmoins la volonté de Dieu, à laquelle se soumettant de tout son cœur, comme à la reigle de toute iustice, elle embrassa la Croix de celuy qui pour son amour auoit voulu mourir en ce bois deshonorable. Tandis qu'Elise se va ainsi disposant, Andronic est côduit à ce mesme poinct de resignation & de reconciliation par vn venerable Prestre, que nous nommerons Cyrille, car ayant veu que ce patient ne tiroit autre côsolation de sa mort que le plaisir de se vanger de son ennemie, apres luy auoir arraché du cœur cette humeur maligne & peccante, auec laquelle s'il venoit à mourir il estoit pour se perdre eternellement. Mais, mon pere, luy dict-il, fais-je mal de me resioüir de voir que cette mauuaise Elise soit tombée dans le piege qu'elle mauoit preparé, & qu'elle mesme se soit portee dans le precipice où elle a plongé mon innocence? Alors ce bon Ecclesiastique luy ayant dict que c'estoit le faict d'vn vray Chrestien de rendre non mal pour mal, mais bien pour mal: à l'exemple de celuy qui maudit ne remaudissoit pas, mais qui persecuté iniustement presentoit ses ioües aux soufflets, son visage aux crachats, & son corps aux meurtrisseures, sans faire plus de bruit qu'vn tendre Agneau de qui l'on tranche la laine; qu'il falloit estre meilleur mesnager du téps qui luy restoit pour recognoistre ses fautes; qu'il estoit question d'vn moment d'où dependoit l'eternité, que ce seroit peu iudicieusement faict de perdre vn Royaume qui n'a point de fin pour vn moment de rancune; qu'en fin il estoit question d'aualer ce breuuage d'amertume en homme de courage, non pas auec lascheté, & que la plus grande de toutes les bassesses de cœur estoit celle de ne pouuoir pardóner vne iniure; que la vengeance estoit la marque d'vn cœur mol & effeminé, que c'estoit vn vlcere malin qui enuenimoit l'ame pour luy faire conceuoir vne mortelle gangrene. Ayant donc gaigné cet auantage sur le grád cœur d'Andronic, de luy faire pardóner sa mort à celle qui en estoit l'iniuste cause, il luy fut aysé de purger cette ame, laquelle franche, noble & ouuerte de son naturel, donna les passages libres à la penitence, qui y fit l'operation d'vne côuerſion merueilleuſe; vray chágemét de la droicte de Dieu. Il confeſſa ſes pechez auec vne grande cópõnction, deſcouurât tout ſon interieur auec vne extreme franchiſe; il adora la main de Dieu appeſantie ſur ſon chef, & baiſa cordialement la verge qui le chaſtioit, afin qu'elle luy ſeruiſt de verge de direction pour l'addreſſer au Royaume de Dieu. Le venerable Cyrille le preſſa fort d'auoüer ſa faute en ce tribunal, où la menſonge eſt vn ſacrilege, & de ne ſe perdre pas au train de Cain, qui nia l'homicide de ſon frere; car comme diſoit S. Pierre à Ananie, l'on peut bien tromper l'homme par la menterie, non pas Dieu: mais il denia touſiours fermemét d'auoir contribué aucun auis ny deſſein ſur la vie de Philippin : cela d'abord eſtonna Cyrille, lequel emporté par l'opinion vulgaire & par la violence de la conjecture, redoutoit qu'vn attentat si deshonneste n'endurcist ce cœur par vne sotte honte. Il luy fit diuerses remonstrances sur ce sujet, mais voyant d'vn costé son extreme ingenuité en l'accusation du reste de ses fautes, & vne forte perseuerance à desauoüer celle-là, il se laissa persuader qu'il ne l'auoit pas commise. Ayant donc purgé suffisamment cet esprit de ses offences par vne bonne absolution, & luy ayant faict former diuers actes de Contrition, d'Humilité, de Resignation, de Renócemét du móde, de Soumissió à la volóté de Dieu, de Patience, d'Esperáce, de Foy, de Cófiance en la Bóté de Dieu; il l'esleua si doucemét dans l'air de la Diuine Amour, que tout ainsi que la chaleur du feu destache aysément la chair d'auec les os, ainsi la Mort qui auparauant luy sembloit si farouche luy sembla estre vn port gracieux où il pourroit ioüyr en l'eternité d'vne paix qui paſſe tout ſentimét. Quand ces deux cœurs ainſi diſpoſez vindrent à ſe rencótrer en l'Oratoire de la priſon, où ces pauures patients furent mis en attédant l'heure de leur ſupplice, il ne faut pas s'eſtóner ſi leur ancienne amitié ſe renouuella, puiſque non ſeulement ils eſtoient preparez au pardon, mais à la charité, qui n'eſt autre choſe que la meſme dilection toute cordiable & toute ſincere. Les Cófeſſeurs apres les auoir reconciliez à Dieu les reconcilierent encores l'vn à l'autre auec vne grande facilité; car comme le fer vole a l'aymant ſi toſt que l'ail eſloigné ou la preſence du diamant eſtant oſtee luy donne la liberté de ſe porter à cette pierre qui l'attire; ainſi ces ames eſtans deliurees de l'ail puant de la hayne & de la dureté diamantine de l'obſtination, ſe porterét tres-volontiers à des actes d'humilité, que ſans l'assistance de la grace l'on eust plustost desiré qu'esperé de leur condescendance: là meslerent leurs larmes ceux qui deuoient bien tost apres mesler leur sang sur vn theatre ignominieux. Là Elise côfessa hautement, qu'elle n'auoit autre preuue contre Andronic de la mort de Philippin que le bruict commun & la conjecture que sa promesse escritte l'eust porté à cet attentat pour l'auoir en mariage. Là Andronic protesta ouuertement, que comme il n'auoit iamais pensé à cet assassinat, aussi n'y auoit-il iamais esté induict par Elise, mais que le desespoir luy auoit faict auoüer cette faute, voyant que le supplice luy estoit ineuitable, ayant par ce mesme mouuement desesperé accusé Elise d'en estre complice pour la faire perir par vengeance. Quelques vns des assistans estimerent ces excuses aussi feintes qu'elles estoient

veritables; quant aux Juges, ces inflexibles Radamanthes, ils se mocquent de ces descharges hors de saison; l'arrest irreuocable est emané de leur bouche; ils l'ont donné selon leurs consciences, & conformément aux loix. Ils ont les oreilles si battuës des ordinaires excuses des criminels, que ce sont pour eux des chansons inutiles. Car c'est la coustume des hommes, dict vn graue ancien, de se dire innocens, en ayant esgard aux tesmoins, non à leur propre conscience. Ils s'imaginent que ces miserables resolus de perdre la vie s'essayent encores de sauuer quelque vaine ombre d'honneur, se disans incoulpables d'vn faict si odieux; mais que peut estre sur l'eschaffaut aux dernieres estreintes de la mort, qui est la gesne des gesnes, ils declareront le tout à la descharge de ceux qui les ont iugez. Or ie ne veux pas icy representer les
sentimens

LIVRE V. 337
sentimens de ces deux esprits, puisque ie croy qu'ils ne se peuuent comprendre, moins estaler leurs regrets, voyans leur innocence renduë criminelle plus par leur inconsideration, que par leur malice; moins despeindre leurs desplaisirs se recognoissans cause de la ruine l'vn de l'autre. Vous pouuez iuger que ces regrets, ces plaintes & ces desplaisirs estoient aussi pitoyables que la bienueillance qui pour lors les produisoit se treuua sincere; car en ces extremitez il n'y a plus de dissimulatió, point de feinte, point d'art, & moins encores de fard; ce n'est que naifueté & simplesse. Elise desira plusieurs fois pouuoir dire le dernir adieu à ses chers parés; mais ayant sceu que la nouuelle de sa condamnation auoit faict retirer son pere de la ville, ne pouuant supporter la veuë d'vn si tragicque euenement, auquel il n'y auoit aucun remede; &

Y

que cet assaut auoit donné vne telle atteinte au cœur de Sophie sa mere, qu'elle en estoit au lict malade à la mort, elle obtint permission de leur escrire pour leur tesmoigner en ces derniers traicts le ressentiment qu'elle auoit de leur douleur incomparablement plus que de la sienne propre. Elle parloit ainsi à Sceuole.

MONSIEUR.
Ce n'est pas pour me plaindre de me voir abandonnee de vous en vn poinct où la seule esperance consiste à n'attendre point de ressource; non seulement i'appreuue vostre retraitte, mais ie l'eusse conseillee si l'on m'en eust demandé mon auis, puisque le voyle de l'absence est tout à faict necessaire au pere qui sçait que l'on sacrifie sa fille innocemment. Ie dis innocemment, Monsieur, & en ce mot ie vous supplie de prendre part à l'vnique consolation qui m'accompagne en la perte de ma vie. Il est temps de dire vray, ou

iamais, puisque ie m'en vay deuant le tribunal de celuy qui perdra tous ceux qui proferent le mensonge, & qui ne recognoist pour enfans legitimes que ceux qui regardent fixement la lumiere de la Verité. Dieu sous la Prouidence duquel coulent tous les momens de cette mortelle vie permettant que pour le present mon innocence paroisse coulpable, fera voir en vne autre saison cette coulpe imaginaire apparemment innocente, & ie vous coniure par les agonies de ma mort de vouloir prolonger vostre vie iusques à ce temps là heureux, auquel l'honneur de vostre maison, qui semble maintenant endurer quelque flestrisseure, reflorira plus que iamais. Il faut que ie vous confesse qu'apres la perte de mon mary, d'où toutes mes calamitez ont tiré leur origine, rien ne m'a tant affligee que les peines que ie vous ay veu souffrir à mon occasion. Car depuis que la mort m'eust rendüe veufue de la plus illustre alliance que i'eusse peu esperer au monde, ie minutois de mourir au siecle & à tous tes ses pompes, & de me confiner dans vn Cloistre le reste de mes iours. Mais puis que la Sagesse eternelle en a disposé autrement, soit que ie viue, soit que ie meure, pourueu que ie luy appartienne à iamais, il ne m'importe; soit par l'ignominie, soit par la bonne renommee, pourueu que l'on paruienne à la gloire celeste, il est indifferent. Ie croy maintenant qu'Andronic est innocent du crime dont ie l'ay accusé, plus par soupçon que sur aucune veritable preuue que i'en eusse; & peut estre que Dieu a permis que ie fusse enuelopee en mesme cõdamnation pour me punir d'vne desloyauté qui violoit le droict d'vne amitié aussi saincte qu'elle estoit vertueuse. Car ie ne veux point que le Ciel me pardonne iamais s'il s'est passé entre nous rien que d'honneste, & si en l'escrit que ma facilité tira de ma main, i'ay eu la pensee de preiudicier à Philippin en son honeur ou en sa vie. Les secrets iugemens de Dieu sont emerueillables, qui les veut sonder se sent incontinent opprimé de la grandeur &

de la Majesté de celuy qui les auance. Vous
sçaurez à la fin comment ce meurtre s'est
faict, car Dieu est trop iuste pour laisser ce
forfaict impuny: pour moy ie me repens &
me retracte de l'accusation d'Andronic, duquel ie vous supplie d'aymer la memoire
comme la mienne, & de n'en contracter
point de haine contre sa parenté: Ie suis autant & plus cause de sa mort que luy de la
mienne: nous nous sommes demandé pardon l'vn à l'autre, & nous prions tout le
monde de nous pardonner; nous remettans
nostre honneur comme nostre vie entre les
mains de Dieu, sacrifians ioyeusement l'vn
& l'autre à sa plus grande gloire. Ie vous
supplie, Monsieur, de reclamer sa Misericorde sur nos ames par vos prieres, & de
prendre le soin de la petite Dalimene, tel
que le sang & la nature le requierent de vostre paternelle bonté. Adieu, mon tres-cher
pere, hé! ne refusez pas vostre saincte benediction à cette chetiue creature qui ne la re-
clame aux derniers abois de la mort qu'au

Y iij

tant qu'elle est innocēte de la cause du supplice que pour l'amour de Dieu elle va franchement endurer.

D'vne mesme main & d'vn mesme cœur elle traça ces autres lignes pour Sophie.

MADAME,
Faut il que mes deplorables malheurs portent la mort dans le sein de celle qui m'a donné la vie? Faut-il comme vne vipere que ie creue le flanc de celle qui m'a donné l'estre, & que la Fortune insatiable de mes miseres porte le contrecoup de mon trespas sur le corps de celle qui est autant innocente de mes fautes, que ie le suis de celle qui me cause la Mort par vn secret iugement de Dieu, que i'adore bien que ie l'ignore? Madame, le tranchant qui separera tantost ma teste de mon corps, & mon corps de mon ame, ne me sera point si sensible que m'est dur le ressentiment de la douleur qui vous a couchee dans le lict sur le regret de ma perte & de ma honte; la compassion

que i'ay de vostre cœur m'est incomparablement plus douloureuse que ne sera la souffrance de ma propre peine: peusse-ie mourir plusieur fois pour vous deliurer des tourmens & des angoisses où vostre propre bonté vous va plonger. Si ie mesure le regret que vous auez de me perdre (& de me perdre de la façon) sur l'estenduë des cheres affections que vous m'auez tousiours tesmoignees, ie ne voy rien de si extreme que vostre inconsolable desplaisir. Car sçachans combien vous auez tendrement esleué cette chetiue creature, & combien hautemēt vous prisez l'honneur, ie ne sçay comment exprimer non pas mesmes comment conceuoir de quel air vous pourrez supporter la perte de l'vne & de l'autre. Iuste Ciel qui permets les crimes, & qui ne les veux pas, si tu souffres que ie meure sans me pouuoir iustifier de ces deux fautes d'adultere infame, & de cruelle meurtriere de mon mary, au moins toy qui esclaires les choses les plus obscures, fais pour la consolation de ma chere mere que du milieu de mes cendres sorte la splendeur de mon innocence, sans endurer que la verité soit non seulemët detenuë prisonniere par l'iniustice, mais estouffee par la mensonge. Madame, ie ne desire pas que vous preniez pitié de mon supplice, mais que vous iettiez les yeux sur mon innocence : de iustification ie n'en ay point d'autre que ma protestation, laquelle ie fais en un poinct où le mëtir traine apres soy vne eternelle ruine ; vous ne me serez pas si cruelle ny si seuere que mes Iuges ; & bien qu'vn adultere & vn homicide ne se purgent pas par serment, si pense-ie que vous auez vne assez longue cognoissance de mon ame par mes deportemens pour me croire en cette Verité que ie profere d'vne voix mourante. Ie meurs innocente du crime qui m'est imposé : ainsi Dieu m'ayme, ainsi Dieu me sauue. Viuez, Madame, iusques à ce iour qui la fera sortir en euidence du milieu des brouillards qui nous en enuiët la belle clairté. A cela ie n'ay rien à adjouster, sinon la demande de vostre benediction maternelle,

LIVRE V.

que ie vous requiers à mains iointes pour derniere faueur, & ie la vous demande par vos entrailles qui m'ont porté, & par celles qui ont porté noſtre Sauueur, & par celles de la Miſericorde de ce bon Dieu, auſquelles ie mets toute mon eſperance. Adieu, ma tres-chere mere, & ſouuenez-vous en vos prieres de cette Eliſe, qui n'aura point au periode de ſon treſpas de plus douce imagination que la memoire de Sophie, comme de la meilleure mere qui ſoit au monde.

Le téps d'vn cours inſenſible auançoit à grands pas l'heure de l'execution de cette innocence coulpable: nos Amans ſont menez au ſupplice auec autant de ioye & d'allegreſſe (don particulier de l'eſprit de Dieu) que s'ils euſſent eſté à leurs nopces. Quand ils parurent ſur le ſanglant theatre, ils furent regardez auec des yeux bien differens, car pluſieurs auoient cópaſſion de leur miſere par vn ſentiment ſi naturel, que meſmes les plus felons courages en sont touchez; d'autres les auoient en horreur, non tant à cause de leur crime (car le pecher est vne chose humaine) que parce qu'ils publioient trop hautement leur innocence; cela les irritoit comme ces hyboux à qui la lumiere est desplaisante : ainsi plus le grand Sauueur publioit la sienne plus s'esmouuoit la mauuaise humeur de ses contrarians. Estrange qualité de la Confession, qui rend innocens les coulpables: la resistance que faisoient nos patients ne voulant pas auoüer ce que vrayement ils n'auoient pas commis les rédoit odieux deuant les yeux du monde maling, qui les en estimoit d'autant plus criminels: ny leur ieunesse, ny leur rang, ny leur sang, ny leur franchise, ny leur courage, ny les autres tesmoignages de pieté qu'ils rendoient en cette action furent capables d'arracher aucune plainte des spectateurs, qui tous benissoient la Iustice qui purgeoit le monde de telle peste. Les Confesseurs font leurs derniers efforts pour leur tirer cette espine du cœur par la bouche, y employant les plus pressantes & efficaces raisons que l'esprit de Dieu leur pouuoit suggerer : mais comment fust sorty de leur bouche ce qui n'estoit pas monté en leur pensee? Ils moururent benissans Dieu qui les vouloit attirer à soy par vne si rude voye. Tandis que le monde ennemy du Ciel & pere des iugemens temeraires les maudit, Dieu les benit, en leur donnant vn courage inuincible & ineffroyable en ce peril ineuitable. Elise pardonnant à tout le monde, & demandant mille pardons à Andronic, comme cause de son trespas, vit enleuer sa teste d'vn reuers en proferát ces paroles; IESVS SOYEZ MOY IESVS? & Andronic incontinent apres auec ces mots, que son Confesseur luy mit en la bouche: MON DIEV IE REMETS MON ESPRIT EN VOS MAINS. Les opinions sur cette execution furent fort differentes: les seuls Iuges tandis que le monde loüoit leur equité n'estoient pas satisfaicts en leurs ames, bien que leur cœur ne les reprit pas; tant la verité a de force, que ceux qui ne la voiét pas, sont neantmoins contraincts par vne secrette vertu de la ressentir. Mais tout ainsi que le grain de froment estant ietté en terre à mesure que l'on pése qu'il se pourrit se nourrit, & iettant des racines esleue par apres sa teste chargée & comme couronnee de fruicts hors de la terre: Ainsi cette innocence pour quelque temps opprimee & accablee par la mort, victorieuse du trespas paroistra comme la Palme d'autant plus droitte & esleuee qu'elle a esté surchargee;

elle reuiendra du milieu de ces cuisans brasiers aussi espurée comme l'or du creux d'vne fournaise. Mais Sophie au lieu de se consoler par la lettre de sa fille, se sentit tellement accabler de douleur, que ne pouuant supporter l'impetuosité de sa tristesse, elle fut contrainte de rendre à la tombe le tribut que toute chair luy doit, & cela trois iours apres la mort de sa fille; car de suruiure à vn tel affront, c'estoit vne chose qu'elle ne peut comprendre. Sceuole estant aux champs assailly de ce nouueau dueil de la mort de sa femme, experimenta ce prouerbe qui dict, que le malheur va ordinairement accompagné d'vn autre. La ville commence à luy estre odieuse comme vne prison, ou plustost cóme le tombeau de son Honneur & de sa Gloire; la solitude luy paroist vn Paradis; O doux repos, disoit-il, que tard ie vous ay cogneu : la douceur de cette vie tranquille commence à flatter sa pensée, & à le faire resoudre de quitter les inquietudes inseparables des affaires; affaires tellement annexees aux grandes dignitez, que ce n'est pas sans raisō qu'on les appelle charges; charges sous lesquelles gemissent quelquefois les geans, c'est à dire les plus forts esprits. Il se veut deliurer du tourment de l'ambition, & se rendre inuisible aux yeux de l'enuie, qui ne faict que murmurer de ses grands biens. Aussi bien que feroit il en vn sejour où tout luy representeroit l'infamie de sa famille en la mort de sa fille, & la desolation de sa maison en la perte de sa femme? Il va resuant à la solitude champestre de cet ancien Courtisan appellé Similis, lequel de cent ans de vie en ayant passé quatre aux champs, fit grauer sur son tombeau qu'il n'auoit vescu que ce temps

Livre V.

là heureux qu'il auoit esté deliure du tracas de la Cour. Desia les Muses viennét accueillir Sceuole pour adoucir sa solitaire demeure; l'estude est tout son entretien, les vers que Socrate ayma iusques au Tombeau le recréent, & luy plaist bien font le recit de ceux-cy.

Sceuole il faut penser à faire la retraitte,
La course de tes iours s'en va bien tost parfaitte;
L'aage insensiblement te conduit à la mort.
N'as tu pas assez veu sur la mer de ce Monde
Errer au gré des flots ta barque vagabonde?
Ne veux tu pas iouir de la douceur du port?
Le bien de la fortune est vn bien perissable;
Quand on bastit sur elle on bastit sur le sable:
Plus on est esleué plus on court de dangers,

Les grands pins sont en butte aux coups de
    la tempeste,
Et la rage des vents brise plustost le faiste
Des superbes Palais, que des toicts des Ber-
    gers.

Bien-heureux est celuy qui peut de sa me-
    moire
Effacer pour iamais cet esguillon de gloire,
Dont la fascheuse poincte enleue les plaisirs;
Et qui loing retiré de la foule importune,
Viuant dans sa maison content de sa for-
    tune,
A selon son pouuoir mesuré ses desirs.

Apres qu'on a suiuy sans aucune asseu-
    rance
Le monde desloyal, qui nous paist d'espe-
    rance,
L'enuie en un moment tous nos desseins de-
    struict:
Ce n'est qu'une fumee, il n'est rien de si fresle,
Sa plus belle moisson est sujette à la gresle,
Et souuent elle n'a que des fleurs pour du
    fruict.

Agreables

Agreables deserts, sejour de l'innocence,
Où loing des vanitez de la magnificence,
Commence mon repos, & finit mon tour-
  ment;
Valons, fleuues, rochers, plaisante soli-
  tude;
Si vous fustes tesmoings de mon inquie-
  tude,
Soyez-le desormais de mon contentement.

Tandis que Sceuole va temperant ses afflictions par ces doux entretiens, & se conformant aux exemples de tant de grands & graues personnages qui auoient couronné vne belle course de iours par vne douce & heureuse retraitte, voyant les Empereurs, comme Diocletian parmy les Payens, & Charles cinquiesme parmy les Chrestiens, auoir preferé la vie rustique & retiree à leurs Diademes, & tant d'autres de toutes sortes d'eminêtes qualitez auoir suiuy cette heureuse trace, tant parce qu'il estoit hors de toute

Z

necessité, que pour ne rien faire temerairement en vn aage si auancé que le sien, il va differant de quitter si tost sa charge, bien qu'il en fust sollicité de diuers lieux: heureux si se deffaisant de cette remore il eust singlé à pleines voyles au port de la Paix qu'il auoit rencôtrée, en disant auec cet ancien,
Adieu doncques Fortune & espoir pour ia-
 mais,
Puisque i'ay rencontré le sejour de la Paix.
Mais il luy en prendra comme à ces mariniers, si accoustumez au branse de la Mer, à l'agitation des ondes, & aux longues nauigations, qu'encores que parmy l'horreur des orages ils loüent la fermeté de la Terre & la tranquillité du port, à peine y sont ils abordez qu'il leur ennuye de sejourner en lieu d'asseurance. Tandis qu'il va ainsi temporisant, il fut rappellé pour terminer ses iours dans les affaires, comme vous allez entendre. Apres qu'Elise & Andronic plus in-

fortunez que malicieux, eurent esté punis d'vne faute qu'ils n'auoient pas commise, & pour parler auec le Psalmiste,

Payé auecques grosse vsure
Ce qu'ils n'auoient pas desrobé:
Pyrrhe & Herman estimans que la peine de ces innocens seroit la satisfaction & la couuerture de leur coulpe, viuoient sinon auec asseurance interieure (car la mauuaise conscience sert de iuge & de bourreau à elle mesme) au moins auec vne seureté exterieure qui leur promettoit vne apparente impunité; car ils estoient exépts non seulement de l'accusation & de la recherche, mais aussi du soupçon d'auoir rien attenté contre Philippin. Pyrrhe reparoit aucunement son honneur par le mauuais traittement qu'il faisoit à la miserable Isabelle, monstrant par là que ses desbauches luy auoyent extremement despleu.

Z ij

Et cette fille defcheüe de ce haut faifte de profperité où elle s'eftoit veüe en l'accointance de Philippin, & reduitte dans vne prifon en laquelle outre la priuation de la liberté elle experimétoit des rigueurs excefliues, ne fçauoit plus où treuuer de la Patience pour fouftenir l'effort d'vne fi cruelle perfecution. Ie ne veux point emplir ces pages de la multitude des regrets dont elle rempliffoit fon cachot, qui moins fourd à fes plaintes que les oreilles de fon pere, fembloit compatir à fes peines par fon refonnement; & ie croy que fi Pyrrhe les eut entenduës, ou il euft efté de marbre, ou il euft eu pitié d'auoir mis au móde vne creature fi miferable : Mais non content de refufer fes oreilles à fes doleances, & aux proteftatiós qu'elle faifoit de mieux viure à l'auenir, & de luy donner autant de fujeƈt de l'aymer en fa repentance, qu'elle luy en auoit donné de la hayr pour ses dissolutions; encores ne vouloit-il pas que ses yeux vissent le pitoyable estat où elle estoit reduitte, de peur de luy faire quelque misericorde: cent fois il l'eust meurtrie de ses propres mains, si la nature n'eust repugné à vn tel crime, & si la force du sang n'eust resisté à ce sanglant dessein; mais il croyoit que cette prison perpetuelle, & le traittement barbare qu'il exerçoit sur cette chetiue, le deliureroit dans peu de téps de cette miserable, dont la vie luy estoit aussi odieuse que la mort desiree; & peut estre que Dieu, qui hait mortellement les cœurs endurcis & impitoyables, desia irrité de l'homicide de Philippin, fit tomber sur la teste de Pyrrhe & d'Herman vn iugement sans misericorde, parce qu'ils auoient esté sans misericorde: Bien qu'Israël parmy les Ægyptiens commist de grands pechez, & se portaſt à des idolatries deteſtables, pour leſquelles peut-eſtre que le ioug d'vn cruel eſclauage tomba ſur ſon chef; ſi eſt-ce qu'au milieu de ſes deſbauches criant mercy à Dieu, cette eternelle Bonté entendit ſa clameur, & accourut à ſa deliurance: Achab & Manaſſé furent de mauuais Princes, mais leurs prieres tirees de leurs cœurs par les eſtreintes de la tribulation firent incontinent leur paix auec Dieu, qui s'inclina à leur ayde. Il eſt vray qu'Iſabelle ne peut eſtre excuſee d'auoir ſouïllé l'honneur de ſa famille par ſes mauuais deportemens; mais peut eſtre que s'eſtant conuertie à Dieu au milieu de ſes angoiſſes il eſcouta fauorablement ſes plaintes, & ſe reſolut de l'arracher de cette chaiſne, afin que deliuree de la main de ſes tyrans, elle ſe donnaſt à ſon ſeruice en l'eſtat Religieux, pour ſeruir en ſainćteté & en Iuſtice au pied des

Autels iufques au dernier foufpir de
fa vie. Or ce que ie defire que nous re-
marquions pour l'admirer & l'adorer, c'eſt le train de la conduitte diuine pour arriuer à ce but par des de-
ſtours émerueillables & des fuauitez
nôpareilles. Nous auons veu au courant de cette Hiſtoire côme Herman
fut induict par Pyrrhe au meurtre de
Philippin, & comme il fut aſſiſté par
Roboald ancien feruiteur de leur
maiſon en cet aſſaſſinat, & ce fut par
ce Roboald, que l'Amour rendit traiſtre à foy meſme, que s'efuenta ce
crime, que l'oubly ſembloit enueloper dans vn impenetrable filence.
Mais comment entra l'Amour dans
ce cœur, ce fut par la porte de la pitié, fauſſe porte qui trompe ordinairement les plus habiles. Pyrrhe ſe
deſchargea fur luy de la garde d'Iſabelle : ô ! que c'eſt vne mauuaiſe garde à vn homme qu'vne belle fille : au

Z iiij

commencement il executa auec fidelité le commandement de son Maistre, qui estoit de la serrer estroittement, de la nourrir pauurement, bref d'exercer sur elle toute sorte de rigueur. Mais en fin l'eau des larmes d'Isabelle caua ce cœur de pierre, & l'aymant des beautez de son front attira cette poictrine de fer à la condescendance, tant est puissant l'attraict d'vne agreable forme, dont toute la force est en la douceur; mais force autant aymee qu'elle est suaue: la grace a vn ascendant ineuitable sur les plus farouches courages, les tygres les plus cruels se peuuent appriuoiser & domestiquer par vne amiable conuersation. Isabelle au commencement de sa prison par vne humeur altiere & arrogante contribua beaucoup au mauuais traittement que Roboald luy faisoit sentir; car il n'y a rien qui soit plus odieux

& moins supportable à Dieu & aux hommes que la fierté: mais quand l'experience, maistresse des moins auisez, luy eut appris que comme vn animal pris au lacq, plus elle se debattoit plus elle serroit son nœud; & plus elle tesmoignoit le desir d'estre libre, plus elle estoit gardee; son despit attirant vne plus seuere punition, elle commença à changer de batterie, à filer doux, & à coudre la peau du renard à celle du lyon: les menaces inutiles ne luy auoient serui de rien, peut estre que les attraicts & les charmes de sa conuersation luy donneront plus d'auátage: de courroucee & desdaigneuse elle se rend plaintiue & suppliante, si bien que changeant de façon de faire elle attendrit peu à peu ce reuesche courage, qui commença à la traicter plus doucement; de là il se mit à l'escouter, puis à la regarder; en fin l'homme qui ne peut tousiours estre loup à vn autre homme, mais qui a vn Aduocat secret dans l'humanité, qui luy persuade la douceur, se laissant vn peu fleschir par les oreilles, se veit en fin rauir le cœur par les yeux; car & la Pitié & la Beauté donnerent de telles atteintes dedans l'esprit de Roboald, qu'oubliant la fidelité qu'il auoit iuree à son Maistre, il estima que ce seroit impieté de luy obeyr dauantage en vne si sauuage & desnaturee commission, au preiudice de tant de graces qui luy apparoissoient sur le front de cette belle prisonniere. Et certes les aduantages qu'ont les affections de l'Amour sur celles de l'amitié sôt tels, que ceux qui sôt touchez des vnes font peu de difficulté de prejudicier aux autres, iusques là que ces fautes semblent non seulement pardonnables, mais loüables, & plustost dignes de gloire, que de blasme. Roboald se flattant de ces vaines pensees, se resout d'obliger cette fille à luy vouloir du bien par toutes sortes de bons offices, & à tromper en cela l'intention de son Maistre, qui ne l'auoit mise en sa garde que pour la mal traitter.

FIN DV CINQVIESME LIVRE.

ELISE.
LIVRE SIXIESME.

DE s i a la cauteleuse Isabelle ressent en quelques douces libertez, qu'elle a faict donner dans ses filets ce nouuel esclaue, & que sa forme luy a baillé dedans les yeux: sur ce fondement elle espere, & non sans raison, de ietter le bastiment de sa deliurance; elle sçait les ruses de cette passion qui enchante les hommes, & qui les rend soupples aux volontez de ce qu'ils ayment; elle efface les traicts du desespoir marquez sur son visage, & le vermeil y ramenant la ioye, elle cache de fortes amorces dans la serenité de son front. Que tarde-je à vous dire que Roboald est pris par sa prisonniere, qu'il est captif de sa captiue, & que faisant mentir le prouerbe, il ne treuue rien de si beau ny de si agreable que sa prison. Luy qui auparauāt la regardoit d'vn œil louche & trauersé, la considerant auec pitié commence à prendre part à ses peines, & appreuuant les plaintes qu'elle faisoit de la cruauté de son pere, il semble qu'il se repente d'en estre l'executeur: Si elle le prie de moyenner sa paix enuers son pere, ou quelque soulagement en son esclauage, il le promet, & soudain il s'en repēt; Car, luy disoit-il, s'il s'apperçoit que ie preste l'oreille à vos prieres, il me soupçonnera, il pensera que ie complotte vostre liberté, & vous ostant de mon geolage peut estre qu'il vous remettra en des mains plus rigoureuses: & c'estoit que picqué de l'intereſt de ſa paſſion, il auoit peur que la deliurance de cette fille ne luy leuaſt l'empire qu'il auoit ſur ſon corps, bien qu'elle l'euſt beaucoup plus grand ſur ſon cœur. Neantmoins pour luy donner quelques teſmoignages de ſa bonne volonté, il luy fait eſperer ſa ſortie à quelque prix que ce ſoit, fut-ce aux deſpens de ſa vie. Deſia la ruſée Iſabelle cognoiſt aux ſouſpirs & aux yeux de ce nouuel Amant qu'il eſt dans les toiles qu'elle luy a tenduës; il n'a du plaiſir qu'en ſa conuerſation, il n'a du contentement que quand il luy parle; mais il ne luy parle pas d'Amour ny de choſe qui en approche, car il cognoiſt le hautain courage de cette fille, qui le regarde touſiours comme valet, & qui toute ſujette qu'elle eſt à ſa conduitte, le traitte neantmoins comme vne imperieuſe Maiſtreſſe. Au demeurant de ietter les yeux sur la fille de son Maistre, c'est chose dont il ne peut attendre que la punition d'vne insolente temerité, & vne disgrace qui portera sa fortune dans vne ruine irreparable. Isabelle qui cognoist aux chágemés de sa face & à la varieté de ses discours les emotiós de son cœur, & les confusions de sa pensée, bien qu'elle eust en horreur cette outrecuidance, & qu'elle eust en hayne l'auctorité de ce geollier (car c'est vne chose naturelle de hayr ceux qui tyrannisent nostre liberté) si est-ce que par finesse elle faict semblant d'ignorer ce qu'elle cognoissoit clairement; & quoy qu'elle allumast de l'Amour en ce courage, elle feignoit de n'y voir que de la pitié. Et comme elle luy demanda vne fois s'il n'auoit pas pitié de la voir reduitte en vn estat si deplorable; Pleust à Dieu, luy dict-il, Madame, que l'on eust autant de pi-

tié de ma passion, que i'en ay par compassion. C'estoit assez dict pour vn esprit delié comme celuy d'Isabelle, laquelle recognoissant la grādeur de la flamme à l'ardeur de cette estincelle, & autant allumée de despit de voir iusques où estoit monté l'insolence de ce valet, comme il estoit en trouble par l'apprehension qui le saisit d'auoir donné vn trop euident tesmoignage de son Amour, elle gauchit à ce discours par vne subtile accortise, Comment, dict-elle, Roboald, vous estes dōc atteint de cette passion fievreuse qui m'a causé tant de malheurs; certes ie me veux desormais promettre non seulement quelque soulagement en ma misere, mais quelque excuse de mon erreur, si vous estes touché de cette maladie qui m'a faict courir si folement apres des iustes promesses de Mariage, que la seule mort de Philippin a annulees : car
outre

outre l'inclination naturelle que i'auois à l'aymer, son port estant accompagné de tant de graces; inclination augmentee par sa lôgue côuersation, côuersatiô qui me fit aggréer sa legitime recherche; quelle fille n'eust esté facile à côquerir par tant de charmes de grâdeur & de bône façon accôpagnez du nom de nôpces? Ie m'estône que mô pere ne dône quelque chose & à la foiblesse de mô sexe, & à la force de mon affection, puisqu'au commécemét des poursuittes de ce ieune Seigneur, me permettant de l'aymer & de receuoir son seruice, il m'a luy mesme portee dans les pieges d'où par apres il n'a plus esté en mon pouuoir de me desprendre. Roboald appreuuant ces excuses accusa en suitte la desraisônable rigueur de son Maistre, & se treuuant pris par le bec sans desauoüer qu'il aymast, il s'essaya de cacher au moins la cause de sa flam-

Aa

me, s'il en auoit imprudémét defcouuert l'effect; cela c'eftoit ietter vn peu d'eau fur vn grád feu, & en fuyant fe faire fuiure, & irriter la curiofité de cette fille par la proteftation qu'il faifoit de mourir pluftoft que de deceler l'object qui le tenoit en tranfe. La cauteleufe Ifabelle qui auoit eu affez de loyfir en fa prifon de confulter fon miroir pour apprendre dans cette fidele glace la force des feux qui fortoient de fes yeux, eftoit bien ayfe de tourmenter ce geolier, & de rendre fon feu d'autant plus cuifant, qu'il feroit couuert de la cendre du filence & de la modeftie; ioinct que cette orgueilleufe captiue voulant fondre les aifles de ce nouuel Icare, cachát fous vne feinte apparence de douceur vn defdain defpité, armé d'vne indignation nompareille contre l'outrecuidance de ce temeraire, qui auoit ofé leuer fes yeux iufques à elle, fe preparoit en le trompant de se tirer d'esclauage, & de le laisser couuert d'opprobre & de honte. En mesme temps son cœur fier & hautain se vit combattu de deux passions bien differentes, de l'Amour de la liberté, & de la hayne de celuy qui en deuoit estre l'autheur; car il luy sembloit que le secours qu'elle pensoit receuoir de cet homme pour sortir de misere luy seroit vne espece d'obligation de luy vouloir du bien; & d'autre part ne pouuant se resoudre à raualer son esprit vers vn object seruile, elle aymoit quasi autant demeurer esclaue de corps & franche de cette obligation, que de se voir libre & attachee par les liens de quelque deuoir à vn homme qu'elle haissoit en son ame; de sorte que si elle eust peu conceuoir quelque autre ouuerture pour se tirer de misere, elle y eust sans doute passé

plustost que de se rendre redeuable à
Roboald: mais la necessité, cette sauuage & cruelle maistresse, la fit resoudre, apres auoir quelque temps consulté en elle mesme, de prendre cette
occasion aux cheueux, se reseruant
apres le recouurement de sa liberté à
chastier cet insensé, mesmes auec les
armes s'il estoit besoin, & de le purger par ce moyen de son erreur & de
sa folie. Et comme elle estoit stilee
aux artifices de l'Amour, elle sceut si
bien contrefaire le personnage d'vne
fille qui est aysée à surprendre, que
Roboald s'imagina de pouuoir gaigner son cœur, & de se rendre aussi
bien que Philippin possesseur de son
corps. Il la cajolle & luy parle d'amour, mais en termes si generaux,
qu'il laissoit tousiours place à quelque exception; & faisant semblant
de souspirer pour vn object absent,
elle voit bien que c'est sa presence qui

tire ces souspirs de cette poictrine: voyla deux personnes rusees qui iouënt à qui se trompera. Roboald proteste qu'il ne l'entretiendroit pas d'vn si mauuais discours que celuy de ses affections, si elles n'estoient sainctes & legitimes, mais qu'estant le plus grand soulagemét que l'on puisse auoir en vne douleur que de la cómuniquer à vne amie fidele, il pensoit qu'ayant ressenty pour Philippin tous les eslans que cette passion a de coustume d'exciter dans les cœurs qui la reçoiuent,
Elle pourroit à vn tourment pareil
Remedier par quelque bon conseil.
Il est vray, repliqua Isabelle, que ie pourrois bien mettre quelque appareil à vostre playe, si i'en sçauois les particularitez; mais il n'y a rien de si inutile à vn mal singulier qu'vn remede general, car selon les circonstances se change ordinairement la

face d'vne affaire. Roboald la pria de l'excuser s'il ne pouuoit luy declarer la source de son inquietude, de peur d'estre iugé si temeraire qu'elle le plongeast plustost dans le desespoir que de luy apporter quelque consolation, l'estimant moins digne de guerison que de blasme. Isabelle dont les yeux de Linx perçoient tous ces ambages, & qui voyoit fort clair dans cette poitrine couuerte de la nuee de la dissimulation, s'excuse aussi de remedier à vn mal qu'elle ignore, & se plaignant d'autre part du peu de confiance que Roboald auoit en elle, l'attiroit insensiblement à la descouuerte de son dessein. Tout ainsi que quand les oyseaux sont en Amour, c'est lors que les oyseleurs les prennent auec plus de facilité, car par les differents appeaux dont ils se seruent, ils les font tumber dans les filets & dans les tounelles, leur faisant treuuer la fin de leur vie où ils pensoient rencontrer la iouyssance de leurs plaisirs: il en prendra ainsi à Roboald, lequel par vne Amour indiscrette se va filer vn cordeau qui l'estranglera. Ce n'est pas sans raison que les Anciens ont peint l'Amour tout nud, parce qu'il ne sçauroit celer vn secret à la chose aymee: Abraham estoit amy de Dieu, & pour cela Dieu voulant abysmer Pentapolis proteste de ne vouloir ny ne pouuoir faire cette sanglante & embrasee execution sans en prendre l'aduis de son amy Abraham. Qui ne sçait comme la perfide Dalila par la douce violence de l'Amour crocheta le secret de la force du genereux Sanson, qu'elle porta par apres au precipice de sa ruine? Vous allez entendre en cette Histoire quelque chose de semblable. Car Roboald à l'imitation de Sanson, apres auoir donné quelques feintes à Isabelle, & desiré luy faire croire qu'il aymoit la fille d'vn Gentilhomme voysin, sans oser par aucune demonstration faire paroistre sa pensee, il se resoluoit de mourir d'vne mort obscure plustost que de se signaler en descheant d'vn si temeraire dessein. Isabelle qui voyoit bié que sous cette feinte voysine c'estoit d'elle qu'il estoit question, cachant vne profonde fureur dans le plus creux de son ame, consoloit Robould le mieux qu'elle pouuoit, sur ce qu'estant tout de flamme pour vn object de merite, il ne falloit pas s'estonner s'il s'esleuoit en haut, que c'estoit vne marque de la bonté de son courage, en quoy il estoit plus loüable de generosité que blasmable de temerité; qu'encores qu'il ne fust pas nay Gétilhóme, c'estoit vne qualité qui dependoit plustost de la fortune que du merite, & qu'il n'estoit pas le premier roturier qui auoit osé estendre ses affections iusques à vne Damoyselle; que la vraye Noblesse estoit en la valeur, qu'en cette partie il ne cedoit à aucun Gentilhomme; qu'elle sçauoit bien qu'il n'y auoit aucun party auquel il ne fust porté par Pyrrhe auec autant d'affection qu'il feroit Herman, car les anciens seruiteurs en vne maison tiennent rang d'enfans; que la disparité des conditions ne debuoit point l'estonner, puisque les hommes chetifs & miserables osoyent bien aymer le Createur; que puisqu'elle auoit bien osé esleuer son courage iusques à Philippin qui estoit son Seigneur feodal, il pourroit bien porter le sien iusques à vne Damoyselle; qu'vn Amát fidele se deuoit promettre toutes choses heureuses, puisque l'esperance estoit l'aisle de l'Amour; que l'Amour esgaloit les Amans, & que les Roys aymans leurs subjects & leurs subjectes soufmettoient leurs Sceptres à leurs affections; que selon son iugement il n'y auoit point de plus eminente grandeur en l'Amour que l'Amour mesme, & que le plus grand entre les Amans est celuy qui ayme dauátage. Imaginez vous si ce discours deuoit mettre de l'huille dans le feu de Roboald, qui estoit en vn pays où les roturiers font les Gentilshommes, & les Gentilshommes les Princes, par vne humeur de la nation: Mais quand elle adjousta que si elle cognoissoit cette Damoiselle, & qu'elle eust la liberté de luy parler, il n'y a sorte de bons offices qu'elle ne voulust rendre à Roboald pour fauoriser sa recherche, honorant sa passion en vn autre sujet de laquelle elle mesme s'estimeroit honoree; ce fut lors que le temeraire Geollier touchát les estoiles de son front promet à son outrecuidâce tout ce qu'il auoit auparauât plustost desiré qu'esperé. Il me semble que ie voy la peinture des sentimens de cette ame enflee de la vanité de ses propres desirs bien representee en ces riches vers d'vne des maistresses Muses de nostre France.

Cognoissant que ma flamme est celeste & diuine,
Ie ne puis rien aymer s'il n'est égal aux Dieux:
Ie veux qu'vn bel oser honore ma ruine,
Et puis qu'il faut tomber ie veux tomber des Cieux.
Arriere ces desirs rampans dessus la terre,
I'ayme mieux en soucis & pensers esleuez
Estre vn aigle abatu d'vn grand coup de tonnerre,
Qu'vn cygne vieillissant és iardins cultiuez.
Non, en volant si haut ie ne crain point l'orage,

Et l'effray du peril ne m'en retire point,
Ce qui sert d'vne bride aux esprits sans cou-
rage
Est vn vif esperon dont le mien est espoint.
J'ayme qu'à mes desseins la fortune s'op-
pose,
Car la peine de vaincre en accroist le plai-
sir,
Pouuoir facilement obtenir quelque chose
M'est assez de sujet d'en perdre le desir.

Bien que cet homme eust assez de presomption pour oser aymer en lieu plus haut que son deuoir ne luy pouuoit permettre, si est-ce que la mesme Amour qui luy donnoit le courage d'attacher ses affections en vn lieu si eminent pour sa condition, luy ostoit la hardiesse de se descouurir, retenu par cette respectueuse crainte qui accompagne ordinairement cette passion, crainte qui naist de l'apprehension de desplaire à l'object aymé. Il cherche dans les recoins

LIVRE V. 381

de sa fantaisie quelque inuention artificieuse pour luy dire ce qu'il n'ose proferer, & pour luy faire entendre ce qu'il n'ose luy dire; mais plus il se met en peine de rencontrer, moins il treuue, la confusion de ses pensees estât vn dedale d'où il ne peut sortir; c'est vn vif argent que son desir, plus il le presse, moins il le serre; plus il le veut ramasser, plus il s'esparpille. Chacun sçait le combat du Vent & du Soleil à qui despouilleroit l'homme: en fin les doux rayons de celuy-cy firent ce que n'auoient peu les impetueuses bouffées de celuy-là: plus Isabelle importune Roboald de luy descouurir son affection auec confiance, plus il la celle, & plus il entre en deffiance. Et lors qu'elle en faict moins l'empressee, c'est lors qu'il brusle d'impatience de la luy manifester, ne pouuant se resoudre de mourir d'vne douleur muette auprés de son remede. L'Amour dont les attaintes ne sont pas si dures, mais aussi viues que celles de la necessité, subtilisant sont esprit luy suggera diuers moyens pour faire cognoistre à cette fille ce qu'elle ne cognoissoit desia que trop, mais qu'elle feignoit d'ignorer par vne artificieuse côtremine. Il est bié raisonnable que les vers, symbole de cette passion qui ronge le cœur, & que la Poësie fille de cette affection, vienne au secours de Roboald; il cognoist vn faiseur de rymes qui luy fournit quelques Madrigaux qu'il laisse à diuerses fois tumber comme par inaduertance, mais à dessein, dans la chambre de cette prisonniere : elle les lit & s'en rit, & pour le laisser brusler à petit feu, & prendre sa vengeance dans cette Amour par vne industrie toute nouuelle, elle ne faict aucun semblant d'entendre ces Enigmes. Aussi ne disoient-ils

LIVRE VI. 383

rien de particulier, telle est la sottise de cette passion enfantine qui ne se paist que de niaiseries, & qui ne s'amuse qu'apres des pensees aussi friuoles que la chasse des papillós: & pour vous faire voir les impertinences de ce Roboald, regardez sa folie en ces trois diuers crayons, dont voicy le premier.

Il est bien dur de n'aymer point,
Plus dur encores d'estre espoint
D'vn traict dont la playe secrette
En donnant le ressentiment
Oste le retentissement,
Ne souffrant pas que la langue indiscrette
Euente ce tourment.

Mais quoy cette douleur muette
Est pleine de si doux appasts,
Qu'on esliroit plustost mille & mille trespas
Que de donner place à la plainte;
Car cette belle attainte
Faitte par la mesme raison
Est vn bien preferable à toute guerison.

Heureux celuy qui ayme, & qui le celle,
Car sa flamme fidele
D'un si doux entretien va son cœur ani-
  mant,
Qu'au milieu de son mal naist son conten-
  tement.

Voicy le second qui semble encherir sur la folie & l'impertinéce du precedent, aussi ne le ramenay-ie pas en ce lieu pour chose qu'il vaille, mais c'est pour faire voir clairement combien il est non malaysé, mais impossible d'estre sage & d'aymer en mesme temps. Et tout ainsi que les ombres seruent aux tableaux, ainsi les sottises des vns seruent à releuer la prudence des autres: de là vient que Caton disoit que les Sages apprenoient plus des fols que les fols des sages. Mais escoutons nostre rymeur.

Quelle rigueur
De souffrir & n'oser descouurir sa lan-
  gueur!

Las

LIVRE VI.

Las! à ma couleur blesme
Qui n'apperçoit que i'ayme,
Qui ne cognoist à mon gemissement
De quel eslancement
I'ay l'ame attainte.
Cruel tourment
Qui m'interdit la plainte,
Me commandant la feinte
D'vn non veritable plaisir,
Tandis que mon ame troublee
Par vn desir
Qui la rend desolee,
Cache sous la discretion
D'vn timide silence
Vne puissante affection.
Est-ce donc vne offence
Digne d'estre punie auec seuerité,
Qu'vn mortel ose aymer vne diuinité?

En fin le troisiesme billet qu'il ietta fut le comble de son impertinence, aussi est-ce le propre de la presomption de s'esleuer tousiours: il disoit ainsi,

Bb

Claire origine de mes feux,
Sans que vous cognoissiez mes vœux
Faut-il que ie languisse,
Et qu'enfin ie perisse,
N'osant dire ce mot au fort de mes dou-
leurs,
C'est pour vous que ie meurs.

Mais pourquoy m'arrestay-je au recit de ces inutiles pensees, qui seroient mieux enterrees sous le siléce que ressuscitees sur ce papier, sinon pour imiter la conduitte des Peintres qui releuét les traicts d'vn beau visage par l'opposició d'vne extreme laideur; ioinct que pour ietter de la confusion sur le frót de ceux qui en leurs vaines poursuittes commettent ces extrauagances, i'auáce expressément tout cecy, à l'imitation de Natan qui menaçoit Dauid de manifester à la lumiere du Soleil ce qu'il auoit commis en tenebres, & de ietter sa honte sur sa face; si par vne confession ingehuë & par vne salutaire penitence il n'euſt preuenu cette publication; ainſi le Sauueur menace de faire preſcher ſur les toicts les malices commiſes en des chambres bien cloſes, lors qu'il manifeſtera le ſecret des tenebres,& le conſeil des cœurs adonez à l'iniquité: & qui ne ſçait que la vergogne & la honte eſt le grand remede de la mauuaiſe Amour? Doncques Roboald voyant que toutes ces allumettes ne donnoient aucune lumiere à Iſabelle pour luy faire cognoiſtre qu'elle eſtoit elle-meſme l'Idole à laquelle il immoloit ſes penſees; languiſſant d'vne douleur muette auprés de ſon remede, & remede qui ſembloit ſe deuoir rendre à ſa mercy auec plus de facilité qu'il ne ſe l'oſoit promettre, reſolut encores de tenter vn artifice apres lequel il penſoit que la neceſſité luy romproit comme au fils de Crœſus l'obſtacle qui

Bb ij

l'empeschoit de parler: Vn iour qu'Isabelle le pressoit sur ce subject, qui estoit leur ordinaire entretien, car la bouche parle volontiers de ce qui abonde au cœur: Vous ne croyriez pas, luy dict il, iusques où m'a porté l'extremité, diray-je de mon affection, ou de ma folie, à vn mal si extraordinaire, i'ay cherché les soulagemens les plus estranges dont l'esprit humain se puisse auiser. La curieuse fille le conjurant de ne luy cacher pas ces moyens, puisqu'ils ne luy donnoiét aucune cognoissance de la cause, Roboald qui taschoit en toutes façons de l'obliger pour rendre cette obligation plus precieuse, se faict prier instamment d'vne chose dont il auoit plus de desir que la suppliante mesme; & pour l'encherir, Vous me pressez, dict-il, de vous descouurir vn moyen qui vous menera comme par la main à la veuë du sujet de ma passion; & puis mon secret ne sera plus ny secret ny mien, puisqu'il sera euenté, non seulement à vn autre, mais communicqué à vne fille aussi capable de le contenir sous le silence qu'à vn crible de retenir de l'eau. Alors Isabelle luy fit mille protestations de fidelité & de silence, mais c'estoient des sermens aussi legers que s'ils eussent esté tracez sur le sable ou escrits sur les ondes; ausquels Roboald feignant de se rendre & de remettre sa vie auec son Amour entre les mains de cette gracieuse prisonniere, Quand vos iuremens, luy dict il, ne vous lieroient pas auec des chaisnes aussi fortes qu'elles sôt sainctes, vostre seul interest vous obligera de celer ce que ie vous manifesteray, car la part que vous auez en celle dont ie vous feray voir le visage est telle, que vous serez contrainte de me côfesser quand vous l'aurez veuë que vous n'auez point de meilleure amie au monde. Sçachez donc qu'ayant esté iusques à tel poinct de consulter vne Magicienne de cette contree, laquelle ne m'a rien promis de bon de l'issuë de mon dessein, me menaçant au contraire que l'esperance d'vn lict nuptial seroit le tombeau de mon esperance, neantmoins i'ay pris sa Prophetie comme prouenante du pere de mensonge, de sorte que comme des Oracles anciens i'ay creu qu'on ne pouuoit mieux iuger de sa Verité que par son reuers : & de faict i'ay desia recognu par quelques experiences, que si ie perseuere à aymer auec fidelité il n'est rien dont ne puisse venir à bout vne Amour opiniastre. Car

L'Amour haussant le cœur & l'esprit
d'vn Amant,
Le va d'vn beau desir aux vertus animant,

L'esleuant insqu'au ciel sur des aisles de flamme:
Sans luy tous beaux desseins au monde seroient morts;
Car si l'ame est vn feu qui donne vie au corps,
L'Amour est vn brandon qui donne vie à l'ame.

Sans donc me soucier autrement des predictions funestes de cette Sorciere, ie la priay qu'elle me donnast vn miroir semblable à celuy où elle m'auoit faict voir plusieurs merueilles, & dans lequel ie visse quand ie voudrois celle que i'honore, en la mesme façon, au mesme lieu & en la mesme conuersation qu'elle seroit lors que i'y voudrois regarder, tant pour me consoler de ce faux bien de son image en l'absence, qui est le plus cruel tourment que puisse souffrir vne ame qui ayme, comme la miéne, c'est à dire extremement; comme aus-

si pour recognoistre par ses deportemens si ma perseuerance pourra vn
iour treuuer quelque grace deuant
elle: Ce que i'obtins, non sans de
grandes difficultez, & auec mille sermens de ne communiquer ce secret
à personne. Dispensez moy donc,
courtoise Isabelle, de vous faire voir
cette glace de peur de me rendre par-
jure, ou peut estre de peur de luy
oster cet effect qui m'est si doux, &
l'vnique consolation de mes yeux
quand ils sont priuez de l'object qui
leur est le plus agreable: car que sçay-
je si le sort ne s'esuanouïra point au
mesme temps que ie voudray rendre
quelqu'autre participant de cette
veuë? que sçay-je si cela se peut communiquer sans quelque malheur?
que sçay-je si cette personne aura la
creance que mon extreme Amour
me donne, pour y voir cette face qui
n'est point mieux representee en cet-

te glace que dans les ardeurs de mon cœur? Au demeurant il y a de certains mots barbares escrits sur le dos du miroir, & qu'il faut prononcer auparauant que de iouyr de ce spectacle; & qui se peut promettre d'vne fille le courage de les proferer sans tremblement & sans vne secrette horreur? tout cela me doit excuser enuers vous, & vous doit persuader de ne tenter pas temerairement vne telle entreprise: laissez-moy mourir lentement & secrettement, ie suis à moy-mesme vn theatre assez ample, ce m'est assez de gloire d'auoir osé aspirer si hautement, & de voir qu'en tombant c'est du ciel que ie me precipite. La timidité est l'appanage des filles, mais si peut-on dire que leur curiosité est encores plus puissante que leur apprehension; car pour contenter ce desir de sçauoir elles renoncent à toute crainte: telle se monstra

Isabelle; car bien qu'vn secret fremissement luy excitast vn battement de cœur sur l'imagination qu'elle eut que quelque Demon ne luy fist du mal en voulant penetrer dans ce sortilege, si est-ce que fermant les yeux à cette consideration elle ne laissa pas d'importuner Roboald de luy monstrer ce miroir, l'asseurant qu'elle auoit assez de courage pour regarder dedans, & assez de foy pour proferer les redoutables paroles. Or vous deuez sçauoir que tout ce sortilege imaginaire estoit vne pure inuention de cet homme, qui voulant faire voir à cette fille la forme de son propre visage dans vn miroir commun, luy vouloit faire entédre par là que tout le charme de son cœur prouenoit des traicts de sa face. Doncques aprés beaucoup de conjurations & si fortes qu'il n'y auoit plus de lieu à la resistance sans irriter l'esprit, diray-ie de

LIVRE VI.

la curieuse ou de la furieuse Isabelle, tirant vn miroir de son sein, dont le poly donna incontinent dans les yeux de cette impatiente fille, feignant que le sort n'auroit point de lieu si elle n'estoit seule, & s'il n'estoit retiré, vne certaine terreur la saisit, redoutant de demeurer sans ayde en la compagnie des Demons, dont l'effroy luy en figuroit mille formes voltigeantes autour d'elle. Ce qui la conuia de conjurer Roboald de demeurer, ou bien de reprendre sa glace, car desia la froide peur commençoit à la saisir. Ie me doutois bien, reprit cet homme, que vous n'auriez pas assez de courage; & si vous n'auez pas assez de confiance, comment aurez vous assez de creance? me voyla donc dispensé par vous mesme, qui vous deuez contenter du tesmoignage de ma bonne volonté. Iamais Isabelle ne se vit en telle agonie, car d'vn costé pressée de la vehemence de ses desirs, de l'autre retenuë par vne extreme crainte, elle se voyoit comme l'enfãt de l'Embleme esleuee par vne aisle, & arrestee par vne priere : vne Remore la retient au milieu de la course de ce qu'elle auoit si ardemment poursuiuy. Demeure, dict elle, vn peu icy, ô Roboald, afin que reprenant mes esprits ie me redonne quelque asseurance. Ie ne puis, repliqua-t'il, y demeurer, & vous donner la satisfaction que vous demandez en la veuë de cette glace; & il disoit cela tant pour aiguiser son desir & affermir son asseurance, comme pour s'eschapper, n'estimant pas pouuoir obtenir de son propre courage assez de force pour soustenir en presence la descouuerte de sa ruse. Ils capitulent & cõuiennent que Roboald demeurera dans la chãbre voysine tandis qu'Isabelle proferera les paroles incognuës, & regardera dans le miroir; que si quelque extraordinaire terreur la saisit, Roboald viendra à son cry luy prester toute sorte d'assistance. Il sort, elle saisit le miroir d'vne main tremblante, où ne voyant que son visage, elle crut que c'estoit le defaut de prononcer les paroles escrittes sur le reuers; d'vne voix begayante d'estónement elle essaye de les proferer, elle retourne aussi tost la glace, & n'y voyt que soy mesme; elle pense ne les auoir prononcees qu'imparfaittement, renduë plus courageuse elle les recite nettement, en distinguant clairement les syllables & les lettres; ny pour cela voit elle autre chose que sa face. Elle ne sçait que penser, mais elle s'aduisa de quelques vers escrits autour de l'enchasseure, qui disoient ainsi:

Ce miroir me monstre l'Image
 De toutes les perfections

De celle à qui rendent hommage
Mes plus cheres affections.

Cela encores ne la satisfaict pas, iusques à ce qu'elle leut sur la circonference de l'orbe ceux-cy,

Peust elle y voir mõ cœur auſsi pur & fidelle
Qu'elle S'Y verrA BELLE.

Car ce distique fut la petite clef qui luy ouurit tout le secret; ce fut le collyre qui luy dessilla les yeux pour penetrer dans l'artifice de Roboald; parceque les lettres du dernier vers escrittes en forme de numerales luy marquerent son nom: mais comme il n'y a point de pire surdité que de celuy qui la contrefaict, aussi n'y a t'il point de stupidité plus grossiere que celle de celuy qui feint de n'entendre pas ce qu'il cognoist fort bien. Elle appelle Roboald, mais d'vn ton de voix qui ne sentoit aucunement l'empressee ny l'estonnée, & luy rendant son miroir: Allez, luy dict-elle, tous vos Demons sont des menteurs, qui ne donnent que des illusions pour des veritez, i'ay proferé les mots barbares auec toute l'attention qui m'a esté possible, & cependant ie n'ay rien veu dans cette glace que ce que ie verrois dans la premiere qui tomberoit entre mes mains: & puis adjoustez de la creance aux sortileges. Madame, repliqua Roboald, & c'est peut-estre ce defaut de creance qui vous met en defaut de ce que vous cherchez, & que vous eussiez sás doute apperceu, si vous eussiez eu autant de foy que i'en ay pour voir le bel effect d'vne si belle cause. En verité, repart Isabelle, c'est icy que je cognoy que les Amans ne se repaissent pas seulement de songes en dormant, mais de mensonges en veillant, quittans les solides contentemens pour suiure de vaines ombres: allez & vous paissez de ces fantosmes

& simulachres tant qu'il vous plaira, il me semble que vous vous damnez à credit, & pour bien peu de chose. Certes si vous estiez vn Idolatre, ie dirois franchement,

 Que des Payens trompez les simulachres
  vains
Ne sont qu'or & argent, que l'homme de
  ses mains
 Façonne en des Idoles:
Que tous ceux qui les font leur puissent res-
  sembler;
Et quiconque s'y fie & se laisse troubler
  A des choses si folles.

Mais estant Chrestien comme vous estes, ie m'estonne de vous voir emporter apres des superstitions si ridicules & inutiles. Mais, Madame, reprit Roboald, est-il bien possible que le sort vous ait tellement aueuglée que de vous empescher de rien voir dans cette glace, apres auoir proferé les effroyables paroles ? Ces paroles qui

qui me sont autant mesprisables que vous les estimez venerables, repliqua Isabelle, ne m'ont aucunement sillé les yeux, & ne m'ont fait voir en cette glace autre chose que ce que ie voy tous les iours dás mon miroir ordinaire, qui est mon propre visage; & pour vous monstrer comme i'y ay regardé hardiment & attentiuement, c'est bien vne glace la plus fine & la plus nette où ie me sois iamais miree. Encores, dict Roboald, estes vous quelque autre chose que rié, & vous n'auez pas tout à faict perdu vostre temps de vous estre si bien contemplee. Ouy mais, continua Isabelle, ce n'est pas ce que ie cherchois, car i'ay vn miroir qui me rend cet office quand il me plaist, sans enchantement & sans artifice. Souuent il arriue par la force des charmes, repart Roboald, que nous voyons ce que nous ne pensons pas voir, & ne

Cc

voyons pas ce que nous pensons voir, qui est vne illusion la plus estrange qui se puisse dire; de moy toutes les fois que i'apperçoy dans ce cristal chery l'object que ie porte si profondément graué dedans l'ame, ie sens renouueller mes affections, & augmenter l'excez de ma passion par le redoublemét de l'accez de ma fievre. Si cette glace vous est si nuisible, permettez-moy que ie la casse, dict la fille, autrement ie penseray que vous estes d'intelligence auec vos ennemis en la conjuration de vostre propre ruine. Ie vous supplie, dict Roboald, de ne commettre pas vn tel sacrilege de briser ce qui a receu vne si noble impression; car quand elle n'auroit eu que l'honneur de vous representer, elle merite d'estre eternellement conseruee; & puis mon mal m'est si precieux, que ce que font les autres malades pour guerir ie le fay pour la conseruation de ma maladie. Mais est-il possible que cette glace d'où sortent les feux qui me consomment ne vous ait point allumée de l'Amour de vous mesme? se peut-il faire que vostre veuë y ramassant ses rayons n'ait point excité en vostre ame l'effect d'vn miroir ardant? Vous estes bien esloignee du sort de Narcisse, qui deuint espris de sa propre forme representee dedans vne source, qui luy seruit de tombeau: si est-ce que l'Amour d'elle-mesme est assez naturel aux agreables filles, tesmoin ce trafic continuel qu'elles ont auec leurs miroirs. Roboald, dict Isabelle, vous voulez par ces cajolleries flatter ma misere, & adoucir la rigueur de ma prison, en laquelle il est autant malaysé de me treuuer belle que ioyeuse; car rien ne rauale, rien ne rauage tant la beauté, que la tristesse.

C'est vn cruel orage
Pour les fleurs d'vn visage,
C'est vne gresle pour ces fleurs,
Qu'vn cœur abattu de douleurs.

Ce n'est pas que ie n'aye beaucoup d'Amour de moy mesme, car c'est vne chose si naturelle, qu'il est malaysé de s'en desprendre si l'on n'est en vn haut degré de perfection : mais certes ie ne suis pas encores arriuée à ce periode de folie de m'aymer dans vn cristal, ny de souspirer pour vn object que ie porte auec moy, & qui est autant à moy que ie suis mienne. Quand Narcisse s'ayma, repliqua Roboald, il prit sa forme pour celle d'vn autre, & en s'aymant il ne pensoit à rien moins que de s'aymer soy mesme; de sorte que se destruisant par sa propre dilection à force de s'aymer il se hait soy mesme; pareil au flambeau qui renuersé s'esteint par la mesme cire qui luy donnoit la vie

Ainsi ce fabuleux iouuenceau en se voyant ne se pensoit pas voir, si possedé de sa resuerie, qu'il n'auoit aucune place en soy pour soy mesme. Laissons là les fables, dict Isabelle: Mais les fables, reprit Roboald, cachent souuent sous leurs ombres de claires veritez. Et quelle verité, dict elle, peut on tirer de cette resuerie, la plus forte qui soit iamais môtée au cerueau des Poëtes? Si oncques Roboald fut pressé de leuer le voyle de sa crainte, ce fut icy; car l'occasion luy monstrant les cheueux de son front, il pensoit que la laissant escouler par sa negligence despitee côtre sa lascheté, elle ne luy môstreroit iamais vn visage si fauorable. C'est pourquoy cherchant dans son esprit les subtiles inuentions que sa passion luy pouuoit dicter, pour imiter cette saffrette Galathee du Poëte qui iette des pommes en fuyant, & qui se cache artifi-

Cc iij

cieusement apres s'estre descouuerte; il mena cette fille par le filet de sa langue dans le labyrinthe de tant de propos contournez, biaisez, couuerts, doubles & de diuers sens, que tantost disant, tantost se desdisant, il entroit & sortoit, il s'embarrassoit & se desbarrassoit, & feignoit tousiours de ne dire pas ce qu'il vouloit dire, auec vne eloquence dont l'art n'est cognuë qu'à ceux qui ayment & qui n'osent descouurir leur affection. Or si l'assaillant estoit accort, le defendant n'auoit pas moins de soupplesse; car la rusee Isabelle voyant cette beste prise, qui se demenoit dedans ses toilles, cette araignee entortillee & enuelopee dans ses propres filets, feignant de ne comprendre pas ses feintes, en prenoit vn passetemps admirable; car c'estoit auec vn plaisir nompareil qu'elle le voit tantost pallir de crainte de s'estre trop manifesté, tan-

tost rougir de honte de se desdire,
tantost enflammé du desir de leuer le
masque de ses propos, tantost se resserrer par l'apprehension de luy desplaire, changeant de plus de couleurs
qu'vn poulpe & qu'vn cameleon, son
front faisant honte à la varieté de celles qui rendent l'Aurore si agreable.
En fin apres auoir poursuiuy ce cerf,
& l'auoir reduit aux aboys, gardāt le
change, nonobstant tous ses houruaris, elle le pressa de telle sorte par ses
questiōs, & la passion de cet homme
l'amena à tel poinct, qu'il fut contraint de laisser tomber le fard de son
art, & de leuer le voyle de sa feinte,
confessant qu'il n'y auoit autre enchantement en son miroir que celuy
de l'artifice, dont il se vouloit seruir
pour faire voir cette fille à elle-mesme, & en elle mesme le suject de ses
temeraires affections. Vn criminel à
qui vne forte gesne a faict confesser

vn crime irremissible n'attend point auec plus de certitude l'arrest de sa mort que l'esperdu Roboald celuy de la condamnation de son outrecuidance. Mais la forte & feinte Amazone ne se pouuant empescher de rougir à cette declaration, sçeut auec tant d'accortise colorer ces couleurs, que ce qui prouenoit d'vne inflammation de despit & de honte de se voir aymee par vn sujet indigne de son object, fut pris par cet abusé, qui se promet ce qu'il espere, pour vne émotion de bienveillance. Le voyla donc qui flatte son esperance de cette trompeuse apparence; & bien qu'il fust aussi engourdy & entrepris qu'vne abeille qui vient de perdre son aiguillon, si est-ce que cette fille cachant l'orage qui rauageoit son ame sous le calme de ses yeux, qu'elle auoit serenez à dessein de tromper cet outrecuidé,

fit naiſtre par ceſte feinte quelque
ſorte d'allegement du milieu du deſeſpoir & de la honte qui commen-
çoient à s'emparer du cœur de Roboald, lequel rendu hardy par la
molle facilité de cet accueil, qui re-
celoit vn eſcueil ſous vne douce contenance, il commença à ſe perſuader
que ſi l'eau mine la pierre, ſa perſeue-
rance & ſa fidelité pourroient amol-
lir ce courage, & le faire condeſ-
cendre où ſa qualité & ſa naiſſan-
ce l'empeſchoient d'aſpirer. Cette
conjecture deuint certitude en ſon
eſprit, quand la diſſimulée Iſabelle faiſant ſemblant de tenir à honneur ce qu'en ſon ame elle repu-
toit pour vn affront, d'eſtre ſi re-
ligieuſement & ſi reſpectueuſement
adorée par vn ſubject dont elle eſti-
moit le merite, feignit d'eſtre faſchée
d'auoir eſté la cauſe de toutes ſes peines paſſées, s'excuſant ſur l'innocen-

ce de son ignorance, ne pouuant deuiner ce qu'elle disoit luy estre incognu, mais qu'elle auoit neantmoins trop finement apperceu presque dés son origine. Et puis fiez vous à l'apparente simplicité des filles, qui sous vn semblant enfantin trompent la subtilité des plus rusez. En suiuant cette pointe pour porter encores plus auát ce geollier dans les filets où il estoit desia tout à faict engagé, & pour tirer la liberté de son corps de l'esclauage de ce cœur, non seulement elle luy tesmoigna d'auoir agreable son seruice, mais encores de tenir à auantage sa recherche (bien qu'elle l'eust en horreur) releuant sa vertu par dessus le defaut de sa naissance, & s'estimant plus heureuse d'espouser vn Ignoble qui l'honorast & l'aymast, qu'vn Noble qui apres la vie qu'elle auoit menee auec Philippin ne pourroit auoir pour elle que du mespris & des outrages, Imaginez vous quel Amant n'eust esté facile à tromper par des paroles si dissimulees, & si le courage de Roboald si disposé à la creance de ce qui luy estoit auantageux ne se deuoit pas laisser transporter à sa passion, puisque son inclination interieure auoit de l'intelligence auec la trahison du dehors pour minuter sa ruine. Tout ce qu'il peut faire, c'est de loüer la bonté du naturel d'Isabelle, & en l'esleuant iusques aux cieux, où son front touchoit desia par l'espoir de voir reüssir sa pretension, se plonger dans le centre de la terre par des paroles de sousmission & d'humilité, de l'ombre desquelles il voiloit l'arrogance de son dessein. Mais Isabelle feignant de voir tant de difficultez en cette entreprise que presque elle luy sembloit auoir de l'impossibilité ; c'estoit lors qu'il luy faisoit entendre que rien n'estoit impossible à vn Amant; que les montagnes deuenoient des plaines à vn courage allumé de cette passion, qui rend vaillans les plus timides; que tout ce qui s'opposeroit à son desir seroit ayfément surmonté par son industrie, ou par sa valeur. Las! disoit cette feinte Amazone, ie ne doute ny de vostre esprit ny de vostre force, mais comment pourroit la vanité hereditaire aux miens souffrir vostre recherche, s'ils n'ont peu souffrir de me voir viure auec Philippin, lequel ne m'a iamais possedee que comme sa femme? Lors Roboald luy proposant la fuitte par delà les monts de Pyrene, & en des terres si esloignees, que iamais Pyrrhe ny Herman n'auroient ny vent ny marque de leur retraitte. L'Amour, repliqua Isabelle, ne doit pas auoir son bandeau si fort attaché sur les yeux, qu'il ne prenne garde à sa conduitte; autrement il seroit subjet en cet aueuglement à tomber en de grands & horribles precipices: ne voyez-vous pas que c'est se ietter à credit dans les calamitez & les miseres les plus extremes qui puissent tumber en l'humaine pensee, & se perdre en pensant se sauuer? l'appelle de vostre passion à vostre iugement: la prison où ie suis, dont vostre courtoisie tempere maintenant les rigueurs, m'est beaucoup plus supportable qu'vne liberté calamiteuse, & pleine d'infamie. A cecy Roboald, Mais, Madame, si ie vous ouure le moyen de demeurer seule Maistresse de vos biens & de vostre maison, me promettez-vous de m'honorer de la qualité de vostre

Espoux, & de ne payer point d'vne lasche ingratitude le seruice que ie vous rendray? A ces mots vne secrette horreur saisit le cœur de cette fille, estimant que ce barbare luy voulust proposer quelque parricide ou par le glaiue ou par la poison. Ha! dict-elle, que me dittes vous là, i'ayme beaucoup mieux & pourrir & mourir en prison que d'en sortir par vne ouuerture si abominable; ie ne veux pas comme vne vipere tirer ma vie de la mort de ceux qui m'ont mise au monde. Madame, reprit Roboald, vous prenez de la gauche ce que ie vous presente de la droicte, ie ne suis pas si miserable que vous pensez, & ie ne vous croy pas si desnaturee: c'est vn moyen que ie sçay par lequel non seulement vostre pere & vostre frere vous donneront la liberté, mais n'auront rien de plus en horreur que cette maison, ny de si recommandé que de chercher leur salut en leur fuitte, & de vous en laisser la libre & entiere iouyssance. C'est donc, respondit Isabelle, par quelque sort, mais s'il est aussi peu efficace que celuy de vostre miroir, ie ne preuoy de tout cecy que risee & misere, car si mon pere s'apperçoit seulement que vous ne me traittiez plus auec la rigueur qu'il vous a commandee, ie crains qu'il ne me remette en de pires mains que les vostres, & que vous mettant vous mesme en prison, ou vous chassant de son seruice, vostre assistance en l'vne & en l'autre façon ne me deuienne inutile. Madame, dit Roboald, il n'y a non plus d'enchantement au secret que i'ay à vous descouurir, qu'en mon miroir, & neantmoins l'effect en est aussi asseuré que celuy de la glace où sans sortilege vous auez veu ce que vous desiriez voir: seulement ie n'ay qu'à vous manifester vne verité par le moyen de laquelle vous demeurerez maistresse de vostre maison, & sans en chasser ny violenter vostre pere il dependra de vostre misericorde. Ie ne puis comprendre ces Enigmes, dict Isabelle. Alors le malauisé Roboald pour la tirer de peine, s'y mit luy mesmes iusques à la gorge, comme vous verrez par le tragicque euenement qui va suiure. Ce fut en luy manifestant l'assassinat de Philippin commis par Herman à la persuasion & suiuant le commandement de Pyrrhe, taisant expressément qu'il fust complice d'Herman en cet attentat, se disant seulement tesmoin de cette trahison, dont il feignoit n'auoir aucunement esté auerty. Que deuint cette fille quand elle entendit cette nouuelle; quelle hayne se forma en son cœur côtre son frere & contre son propre pere, mesurez la sur l'extremité

LIVRE VI. 417

tremité de l'Amour qu'elle portoit à Philippin. Soudain comme vne furie elle minute leur trespas, resout de les deceler à la Iustice, & de satisfaire en mesme temps à sa vengeance, aux Manes de son Amant, à l'innocence d'Elise & de l'infortuné Andronic, & de rendre par ce moyen l'honneur à Sceuole, le faisant de son ennemy son protecteur contre les insolentes sollicitatiõs de Roboald; auquel feignant d'estre fort obligee de la reuelation de ce secret, elle luy promet ce qu'elle ne veut pas tenir, sçachant bien que la volonté forcee n'est pas voloté, & que les sermens des Amans & des prisonniers ne seruent que pour enueloper des tromperies. Il me semble que ie voy en cette Histoire celle de Sanson renouuellee, car la traistresse Dalila n'eut pas plustost descouuert au vray en quoy consistoit la force de cet inconside-

Dd

ré Amoureux, qu'elle en auertit les Phyliſtins ſes ennemis, qui s'eſtans iettez ſur luy, & l'ayans garrotté, le couurirent de milles opprobres. Car feignant de vouloir faire donner l'eſpouuante à ſon pere & à ſon frere, afin que ſongeans à leur retraitte ils la laiſſaſſent en liberté & en la pleine poſſeſſion de leur Terre; elle treuua moyen par l'entremiſe de Roboald meſme, qui comme vn autre Vrie fit tenir le pacquet de ſa mort, d'eſcrire à Sceuole cette lettre.

D*IEV qui tire la ſplendeur de la verité, des plus eſpoiſſes tenebres de la calomnie, & qui employe les choſes plus obſcures, pour mettre les plus cachees en euidence, ſe ſert des tenebres de mon cachot pour vous faire cognoiſtre combien iniuſtement l'honneur de voſtre maiſon a eſté intereſſé par vn honteux ſupplice. Et bien que l'innocēce paroiſſe malaiſémēt dans la ſom-*

bre noirceur d'vne prison, si est-ce que celle de voſtre Eliſe ſortira de la mienne, ſi vous prenez la peine de faire inueſtir cette place par la main de la Iuſtice, où vous trouuerez comme dans le fonds d'vn puits la lumiere d'vne verité qui vous ſera auſſi agreable que le menſonge vous a couuert de triſteſſe. Le recouurement de voſtre honneur merite bien la peine que vous en prendrez, faiſant prendre les vrays meurtriers de Philippin, qui iuſtifieront l'innocence fauſſement renduë coulpable d'Andronic & de voſtre fille. Pour recompenſe de ce ſeruice ie ne vous demande que ma liberté, & voſtre protection, en qualité de voſtre ſeruante.

Cet eſcrit treuua Sceuole retiré dans ſa ſolitude, & plongé dans la plus profonde mélancholie qu'il euſt iamais euë; car d'vn coſté le desh̃onneur du Monde luy rendoit les douceurs de cette vie deſagreables, de l'autre l'ennuy commençoit à l'accueillir, car il n'y a rien de ſi eſpi-

Dd ij

nieux que l'oyfiueté à celuy qui a confumé fa vie dans le maniment des affaires. Il luy fembla quand il vit ces lignes que ce fuft quelque billet tombé du Ciel pour fa cōfolation, & pour le reftabliffement de fa fortune, & puis fe remettant en memoire les furieufes & longues pourfuittes de Pyrrhe & d'Herman contre la vie de Philippin, la peine qu'il auoit euë à diffiper ces nuages & à deftourner ces vengeances; en fin apres auoir longuement confulté en foy mefme, il penfa qu'il valloit mieux recueillir que negliger cet auis, fe doutant bien que cette fumee ne feroit pas fans feu. Il affemble les Preuofts, & en vne belle nuict il inueftit la maifon de Vaupré. L'Aube fourriere du Soleil n'eut pas pluftoft defcouuert au monde les diuerfes couleurs de fon fein, que Pyrrhe & Herman fe voyent affiegez, & fommez de fe rendre

Eux à qui la conscience seruoit de mille tesmoins, & d'autant de bourreaux, se croyans accusez & conuaincus, se resoluent de s'enterrer plustost sous les ruines de leur maison que de mourir honteusement sur vn eschaffaut: de leur refus Sceuole les conjecture coulpables, leur rébellion les accuse & les rend doublement criminels, & comme assassins & comme reuoltez contre la Iustice du Prince, crime irremissible. Ce chasteau est foible & plustost ajencé pour le plaisir de l'œil que pour des coups de main: ils sont attacquez despourueus de prouisions deffensiues & offensiues, les portes sont enfoncees: que feront deux hommes contre tant de gens, car Roboald & le reste des seruiteurs leur seruoient plustost d'empeschement que d'assistáce: En fin ils sont pris, Herman estant blessé griefuement, & percé de part en part d'vn coup de bale, Pyrrhe faict des armes incroyables, criant (tant l'Amour paternelle est puissante) qu'on pardonnast à son fils innocent, luy seul estant coulpable de la mort de Philippin: ouuert de playes en diuers lieux il est plustost saisi & oppressé que vaincu par cette multitude: Sceuole ayant ce qu'il demandoit les fait panser de leurs playes, qui ne se treuuent pas mortelles, Pyrrhe dict franchement le tout, excusant son fils autant qu'il luy estoit possible: Roboald est accusé comme l'ayant assisté, & se voit garroté auec ses Maistres, & conduict aux prisons de la ville: Isabelle l'accusatrice est mise en liberté, Sceuole la menant auec soy & la prenant en sa protection. Le procés fut incontinent en estat, car les coulpables confesserent leur faute, sans autre gesne que de leur conscience: Roboald qui se voit declarer cóplice, & qui ne peut le nier, se repent trop tard d'auoir confié son secret à vne fille; ses esperances maritales sont chágees en des desespoirs funebres, & son Amour outrecuidee en vne honteuse mort: car ses deux Maistres estans condamnez à perdre la teste, apres auoir faict vne amende honorable publicquement à la memoire du miserable Andronic & de l'infortunee Elise, il fut condamné à finir sa vie en vn gibet, se voyant attaché & serré par le col plustost pour punition de la folie de sa langue que pour l'execution de sa main, car il n'auoit presté à Herman au meurtre de Philippin, que sa presence, cettuy cy estant pluftost estendu sur le carreau qu'il n'eut de besoin de secourir son maistre. Ainsi Dieu admirable en ses iugemens punit ce traistre par la mesme trahison qu'il brassoit à ses Maistres,

& l'accabla sous les ruines d'vne maison de laquelle il se vouloit rendre Seigneur, bien qu'il n'en fust que seruiteur. Icare & Phaëton nouueau, qui rendit sa cheute d'autant plus lourde que son vol auoit esté temeraire. Ce n'est pas icy mon dessein de desduire les particularitez de cette execution, qui fit admirer à tout le monde la hauteur & la profondeur des incomprehensibles iugemens de Dieu, qui auoit permis que l'innocence renduë coulpable enduraſt vn supplice non merité pour des raisons incognuës à l'humaine Sagesse, & dont les routes inuestigables auoient amené les coulpables au mesme lieu où l'innocence pour leur forfaict auoit souffert la douleur d'vne honteuse peine. L'honneur de Sceuole se voit restitué en son entier, la Memoire d'Elise honoree, celle d'Andronic aussi; Sceuole r'entre en l'exercice de sa charge; Pyrrhe & Herman parmy leurs souffrances tesmoignerent tant de repentance & de resignation, que chacun estoit edifié de leur fin, & loüoit-on Dieu, qui sçait si sagement amener tout à sa fin, tirant du mal de peine la guerison de celuy de coulpe, comme la theriaque du serpent. Isabelle se veit bien en liberté, mais par la confiscation des biens paternels elle se veit despoüillee de toutes sortes de commoditez, & reduitte à vne extreme misere. Icy parut la pieté & la pitié de Sceuole, qui d'vn courage digne de son nom, & vrayement Chrestien, ayant desia retiré auec soy les enfans qu'elle auoit eus de Philippin durant la repudiation d'Elise, prit encores la mere en sa maison, luy promettant de la traitter non pas en enhemie, & côme le fleau de fa famille, mais côme fa fille propre, & mefme de la dotter autant & plus richement qu'on n'euft fait fon pere, au cas qu'il fe prefentaft quelque party fortable à fa côdition ; ce qui rédit Sceuole eftimé de tout le monde, & prefque adoré d'Ifabelle, laquelle reuenant à foy, & confiderant de combien de meurtres & de fang elle eftoit foüillee, fa mauuaife vie ayant faict mordre la terre non feulement à Philippin, mais encores à l'innocent Andronic & à l'incoulpable Elife; & de plus que fon accufatió defnaturee auoit porté fon propre pere & fó frere à vn fupplice ignominieux, qui la rendoit outre fes deportemés infame pour iamais; touchee d'vne iufte douleur & d'vne viue repentance, elle renonca fráchement au monde, où elle auoit cognu tant de miferes, experimenté tant d'orages, pour fe retirer au port tráquille

LIVRE VI.

de la Religion. Ce fut dóc dás vn Monastere de Repenties où elle se côfina, enterrât toutes viues ses Beautez sous vn voyle, côsacrant ses yeux à de continuelles larmes, son corps aux mortifications salutaires, sa poitrine aux sanglots perpetuels, sa bouche aux souspirs, sa langue à la Confession de ses fautes, & à demander pardon à Dieu. Là de pierre d'achopement & de scandale elle deuint pierre d'edification, faisant voir l'abondance de la grace où le peché auoit abondé. Là elle coula le reste de ses iours religieusement, là elle mourut saintement; la misericorde de Dieu se plaisant à se magnifier en la conuersion des ames pecheresses, qui se refugient au haûre de grace, & au port asseuré d'vne salutaire Penitence.

FIN DV SIXIESME ET DERNIER
LIVRE D'ELISE.

Approbation des Docteurs.

NOvs foubfignez Docteurs en la Faculté de Theologie de l'Vniuerfité de Paris, certifions d'auoir leu & veu ce prefent Liure intitulé, *Elife, ou l'Innocence Coulpable, euenement tragique de noftre temps, faict & composé par Meßire Iean Pierre Camus, Euefque & Seigneur de Belley, Confeiller du Roy en fes Confeils d'Eftat & Priué.* Auquel n'auons rien treuué contraire à la foy de l'Eglife Catholique Apoftolique & Romaine, ains plufieurs chofes confiderables par ceux qui ont des enfans en aage competante pour prendre party : En figne dequoy nous auons icy mis nos feings ce 26. Iuillet 1621.

A. SOTO.

LE CREVX.

Extraict du Priuilege du Roy.

PAR grace & Priuilege du Roy, il eft permis à Claude Chappelet Libraire Iuré en l'Vniuerfité de Paris, d'imprimer ou faire imprimer & mettre en vente vn Liure intitulé, *Elife, ou l'Innocence Coulpable, euenement tragique de noſtre temps* ; Par Meſſire Iean Pierre Camus Euesque & Seigneur de Belley, Conſeiller du Roy en ſes Conſeils d'Eſtat & Priué : Faiſant defences à tous Libraires & Imprimeurs, ou autres de quelque qualité & condition qu'ils ſoient, d'imprimer ou faire imprimer ledit Liure d'*Elife, ou l'Innocence Coulpable* ; le vendre, faire vendre, debiter ny diſtribuer par noſtre Royaume, durant le temps de dix ans, ſur peine aux contreuenans de confiſcation des exemplaires, de cinq cens liures d'amende, moitié à nous, & l'autre moitié audit expoſant, & de tous deſpens, dommages & intereſts ; comme il eſt contenu és lettres donnees à Paris le trentieſme iour de Iuillet mil ſix cens vingt & vn.

Par le Conſeil,

BERGERON.

www.ingramcontent.com/pod-product-compliance
Lightning Source LLC
Chambersburg PA
CBHW070545230426
43665CB00014B/1820